「楽天」とIT産業の未来

三木谷浩史 社長の守護霊インタビュー

大川隆法

Ryuho Okawa

本霊言は、2013年5月3日（写真上・下）、幸福の科学総合本部にて、
質問者との対話形式で公開収録された。

まえがき

　なかなか覇気《はき》のある新進気鋭のニュービジネスの旗手《きしゅ》である。昨年の秋頃から、三木谷氏の守護霊から、「守護霊インタビュー」を出してもらえないかと催促《さいそく》され始めた。ＴＶなどの新社長紹介番組などと同様で、私の霊言集に生きながらにして登場するのは、「神秘の殿堂」入りを果たすことになるらしい。

　その名誉と同時に、信者組織にもしっかりと売り込みをかけたいようだ。その気持ちはわからないでもない。私も松下幸之助さんを経営の神様として尊敬しているところがあるが、自分が全国的な宗教団体をつくるまで、幸之助さんが、宗教を持ち上げ、全国各地の神社仏閣に寄附しては、石碑に名前が刻まれている理由がわからなかった。パナソニックではない松下電器時代に、信仰心を大切にする企業ではあったが、営業戦略としても、「信仰心」に目をつけるのは実に効果的なのだ。多くの大企業が十分に幸之助研究ができていないのに、アメリカ帰りの三木谷氏がそのことに気づいていたのだ。かつての「背広を着たエリート」「ジジイ殺し」の異名をとる同氏が、どういう攻め方で「天下布武《てんかふぶ》」を目指すか、楽しみである。

二〇一三年　五月二十九日

幸福《こうふく》の科学《かがく》グループ創始者兼総裁《そうししゃけんそうさい》　大川隆法《おおかわりゅうほう》

三木谷浩史社長の守護霊インタビュー「楽天」とＩＴ産業の未来　目次

三木谷浩史《みきたにひろし》社長の守護霊《しゅごれい》インタビュー
「楽天《らくてん》」とＩＴ産業の未来

二〇一三年五月三日　収録
東京都・幸福の科学総合本部にて

5 「楽天帝国《ていこく》」への野心　80

「霊言現象《れいげん》」とは、あの世の霊存在の言葉を語り下ろす現象のことをいう。これは高度な悟《さと》りを開いた者に特有のものであり、「霊媒現象《れいばい》」（トランス状態になって意識を失い、霊が一方的にしゃべる現象）とは異なる。外国人霊の霊言の場合には、霊言現象を行う者の言語中枢《ちゅうすう》から、必要な言葉を選び出し、日本語で語ることも可能である。

また、人間の魂《たましい》は原則として六人のグループからなり、あの世に残っている「魂の兄弟」の一人が守護霊《しゅごれい》を務めている。つまり、守護霊は、実は自分自身の魂の一部である。したがって、「守護霊の霊言」とは、いわば本人の潜在《せんざい》意識にアクセスしたものであり、その内容は、その人が潜在意識で考えていること（本心）と考えてよい。

なお、「霊言」は、あくまでも霊人の意見であり、幸福の科学グループとしての見解と矛盾《むじゅん》する内容を含《ふく》む場合がある点、付記しておきたい。

三木谷浩史《みきたにひろし》社長の守護霊《しゅごれい》インタビュー
「楽天《らくてん》」とIT産業の未来

二〇一三年五月三日　収録

東京都・幸福の科学総合本部にて

三木谷浩史《みきたにひろし》（一九六五～）

実業家。楽天《らくてん》株式会社の創業者で、代表取締役《とりしまりやく》会長 兼《けん》 社長。兵庫《ひょうご》県神戸《こうべ》市生まれ。一九八八年、一橋《ひとつばし》大学商学部を卒業し、日本興業銀行（現みずほコーポレート銀行）に入行。ハーバード大学経営大学院に留学し、MBA（経営学修士）を取得する。やがて興銀を退社し、一九九七年、エム・ディー・エム（のちの楽天）を設立、「楽天市場《いちば》」は国内最大規模の電子モールとなった。プロ野球の東北楽天ゴールデンイーグルスやJリーグのヴィッセル神戸のオーナーでもある。

質問者 ※質問順

宇田典弘《うだのりひろ》（幸福の科学人事局 兼 関連事業担当副理事長）

綾織次郎《あやおりじろう》（幸福の科学理事 兼「ザ・リバティ」編集長）

三宅早織《みやけさおり》（幸福の科学理事 兼 精舎《しょうじゃ》活動推進局長）

［役職は収録時点のもの］

1　新しい経営者の代表でもある「楽天《らくてん》・三木谷《みきたに》社長」

「守護霊《しゅごれい》インタビュー」を申し出てきた三木谷氏守護霊

大川隆法　楽天《らくてん》の三木谷浩史《みきたにひろし》氏の守護霊《しゅごれい》は、去年（二〇一二年）から、「守護霊インタビューを受けたい」と言って、かなり、つついてきていました。

ただ、三木谷氏の場合、まだ若く、今後、どうなるか分からないところもあるため、私のほうは、それに乗らないでいたのですが、そろそろ、出てもよいころなのかもしれません。

「宗教団体でPRする」ということは、楽天のような業務形態の企業《きぎょう》にとって、おそらく意義があることなのだろうと思います。

彼の守護霊には、「大川隆法総裁のところで、生きている間に守護霊霊言《れいげん》を出してもらえることは、〝殿堂入り《でんどう》〟するようなものであり、エスタブリッシュメント（支配階級）になった認定の一つになるという意識があるようです。それで出たがっているのです。「よい宣伝になればいい」と思っているのではないでしょうか。

当会の霊言では、すでに亡《な》くなった人の霊や、かなり名声等の確立した人の守護霊を出すことが多く、私より若い人の守護霊は、あまり出ていないのですが、去年、大阪《おおさか》の橋下《はしもと》市長の守護霊を呼び、調べてみたことはあります（『徹底霊査《てっていれいさ》 橋下徹《とおる》は宰相《さいしょう》の器《うつわ》か』〔幸福実現党刊〕参照）。若い人であっても、ある程度、影響力《えいきょうりょく》が強くなってきたら、調べてみてもよいのではないかと思います。

楽天は一九九七年に始められた会社ですが、九七年というと、幸福の科学では総本山建立《こんりゅう》を行っていたころです。教団を始めて十年以上たっていたので、こちらは、楽天が後発に見えていたのですが、いつの間にか、急に大きくなってきたので、驚《おどろ》きました。

ただ、いわゆる「ホリエモン事件」などがあり、楽天も、今後どうなるか分からなかったため、しばらく様子を見ていたのですが、今、三木谷氏は、「大経営者になろう」という野心を持っている状況《じょうきょう》まで来ていると思います。

彼は政府に意見も言っています。

また、経団連に入り、「ジジイ殺し」と言われながら、経団連の人たちと上手に付き合っていたのですが、現在では、そこから離《はな》れ、独自の組織で活動し始めているようです。

この三木谷氏が、どのような人なのか、調べてみてもよいころかもしれません。

一九九七年に数人程度で始められた会社が、インターネットの普及《ふきゅう》とタイミングが合ったことや、ライバルのホリエモン（堀江貴文《ほりえたかふみ》氏）などの失脚《しっきゃく》もあったせいでしょうか、大きくなって残りました。

三木谷氏は、現在、球団も持っていれば、いろいろな関連会社もつくっている状態です。二〇一二年ぐらいに書かれたものによれば、国内で七千人以上、海外を入れれば一万人以上の社員やスタッフを有するところまで来ているらしいので、会社としては急成長です。

ただ、その財務内容を私は見ていません。自己資本がどの程度あるのか、ほとんど借金でやっているのか、よく知らないのですが、M&A（企業の合併《がっぺい》や買収）も行いながら大きくなってきているようです。

こうしたニュービジネス系の人たちを、私のほうは、あまり知らないのですが、向こうのほうは、おそらく、幸福の科学がかなり〝大暴《おおあば》れ〟している姿を十年ぐらい見てから、仕事をしているのではないかと思うので、当会が意外なところで観察されていた可能性はあるでしょう。

一橋《ひとつばし》大学を出て日本興業銀行に入行した三木谷氏

大川隆法　三木谷氏は、今、四十八歳《さい》ですが、関西の出身で、家柄《いえがら》は、なかなかよかったそうですし、祖父もご両親も偉《えら》かったようです。
彼は、進学校である、岡山白陵《おかやまはくりょう》中学校に入ったものの、勉強がきつく、ついていけなくて、一年半ぐらいでやめ、地元の公立中学に転校しています。

また、高校ではテニスばかりしていたせいか、成績は、それほどでもなかったようで、四百人中、二百五十番ぐらいだったため、学校の先生からは、卒業後は就職するように勧《すす》められたそうです。その学校では、そのくらいの成績の生徒は、大学には行かず、就職していたらしいのです。

ただ、彼の祖父は、一橋《ひとつばし》大学を出て商社マンになり、いろいろと活躍《かつやく》されたようですし、彼の父は大学教授で日本金融《きんゆう》学会の会長をしていたらしく、彼は、「何とか頑張《がんば》って一橋に行く」と決意し、浪人《ろうにん》して一橋の商学部に入りました。一橋ではテニス部のキャプテンをしていたようです。

家柄が多少よかったせいかもしれませんし、一橋でテニス部のキャプテンをしていたことも効いたのだとは思いますが、彼は、卒業後、当時の日本興業銀行（興銀）に入りました。

興銀は、今はない銀行なので、若い人は、もう分からなくなっていると思いますが、ここは、みずほ銀行の前身です。みずほ銀行は、この興銀と富士銀行、第一勧《かん》業《ぎょう》銀行あたりが合併してできたのですが、東大出身者の比率が高い銀行が集まってできています。

私の大学時代には、興銀に入行する新卒の大卒男子の六割がたは東大卒だったと思うので、中央官庁の大蔵省（現・財務省）や通産省（現・経済産業省）に行くのとそう変わらないぐらいの比率で東大生が入っていたように思います。

東大から興銀を受けた人も多く、学生に人気はありましたが、入るのは、けっこう難しかったように思われます。

ただ、学生たちが「興銀に入りたい」と考えた動機は、あまり上出来のものではなく、〝不純〟な動機が多かったようです。

興銀の特徴《とくちょう》は、まず、「とにかく給料が高い」ということです。これは、動機として、あってもいいですけどね。

それから、「支店が少ないため、転勤が少ない」ということです。これも、あってよいでしょう。

あとは、「窓口業務がほとんどない」ということです。興銀は長期信用銀行なので、ほとんどが企業に対する貸し付けであり、窓口で個人客を相手にリテール（小口取引）をしなくて済みます。企業が相手なので、威張《いば》っていられるわけです。

この三つは、興銀を志望する動機として、よく言われていました。

四つ目は、「入ったら、美人と結婚《けっこん》できる」ということです（会場笑）。

私は、最初の三つには、それほど関心がなかったのですが、四つ目だけは、ちょっと気になっていました（笑）。

会社訪問解禁日まで、法律の勉強ばかりしていた私

大川隆法　私の場合、就職活動の時期になっても、実は、銀行名さえ、よく知りませんでした。七月ぐらいには、リクルートという会社が、段ボール箱で多くの会社の就職案内を送りつけてきたのですが、蓋《ふた》も開《あ》けず、そのまま放ってありました。

そのころの就職協定では、大学四年生の時期の十月一日《ついたち》が会社訪問解禁日で、十一月一日が入社試験解禁日でした。

当時の私は、法律を勉強していたため、いわゆる〝法人《ほうじん》〟というか、世間《せけん》のことが何も分からず、法律のことしか知らないような頭になっていたので、就職協定を、そのとおりに受け止め、「十月一日までは企業を訪問してはいけない」と思っていたのです。

実際には、就職協定の内容は〝嘘《うそ》〟であり、多くの企業が九月の上旬《じょうじゅん》から中旬までに、だいたい内定者を決めていたのですが、私は、それを全然知りませんでした。図書館や自宅にこもって法律の勉強ばかりしていて、世間の動きをまったく知らない〝法人〟がたくさんいましたが、私も、そのうちの一人だったのです。

私は、十月一日の直前になってから、リクルート社から来ている、大きな段ボール箱の蓋を開《あ》け、「いったい、どんな会社があるのだろう」と思い、資料を読みましたが、業界の種類がよく分からず、会社の数も多かったため、「どこにしようかな」と思っても、見当がつかず、どうしたらよいか、分かりませんでした。

しかたがないので、「歩いて回れる範囲《はんい》に集まっている会社を訪問しよう」と思い、歩いて一キロか二キロの範囲内にある会社だけを回ることに決め、会社側の説明を聴《き》くつもりで、十月一日に出かけていきました。

ところが、十月一日より前に、もう内定者が大勢決まっていて、十月一日には、朝の八時から次々と試験があったのです。〝法人〟は、本当に〝ボケ老人〟と化し、驚いてしまいました。

興銀の三次面接まで合格していながら入行しなかった理由

大川隆法　しかも、その十月一日に、私は、家を出るのが予定より遅《おく》れました。ネクタイとスーツの姿で、開始時刻に間に合うように行くつもりでいたのですが、それまでにネクタイを結んだことがなかったため、ネクタイがうまく結べず、〝出陣《しゅつじん》〟したときには十時になっており、そうとうな出遅れを喫《きっ》してしまったのです。

そのため、訪問できる企業の数は予定より少なくなりましたし、訪問先で、「八時から順番に試験をやっています」と言われ、驚いたような状態でした。

たまたま大手町界隈《おおてまちかいわい》が私の訪問先の範囲内に入っていたので、私は、「日本興業銀行にも寄ってみよう」と思い、興銀を訪《おとず》れました。事前に予約を入れたかどうか、覚えていませんが、私は面接の担当者を六時間も待たせてしまったらしいのです。

それで、「君ねえ、僕《ぼく》、朝の九時から待っていたんだよ。六時間も待たされたのは初めてだけど、君、どういうつもりなのか」と言われて答えに窮《きゅう》し、「いやあ、東京の地理がよく分からなくて、迷子《まいご》になってしまいました。また、ほかの会社でつかまってしまい、なかなか出られませんでした」などと、適当なことを言ったのですが、「本当かなあ。信じられないな」と、ずいぶん言われました。

そのように、私は興銀を六時間遅れで訪問したのですが、なぜか一次面接に通って二次面接に送られました。二次面接では、クラスの友達で、のちに大蔵省に行った人や東京銀行に行った人が落ちたのですが、私は二次面接も通り、結局、三次面接まで通ったのです。

その理由は、おそらく、ある程度、成績がよかったことと、私の言うことが目茶《めちゃ》苦茶《くちゃ》なので、向こうがビビッてしまったことではないでしょうか。本当は、銀行関係について何も勉強していなかったため、分からないことも多く、それで目茶苦茶なことを言っていただけなのですが、あまりにも目茶苦茶なことを言うので、「よっぽど、すごい人なのかな」と勘違《かんちが》いされたところも多少あったようです。

ただ、面接の際、「君を入れたら当行は崩壊《ほうかい》するような気がする」と言われたのを覚えているのですが（会場笑）、その霊感《れいかん》は当たっていたのではないかと思います（笑）。

おそらく、私が望めば興銀には入れたと思うのですが、面接で、「土曜日でも、夜の十時や十一時まで残業があるけど、体力は大丈夫《だいじょうぶ》か」と言われ、それを聞いて、「やめようかな」と思ったのです。

当時、ほとんどの企業が週休二日制になっていたのですが、「土曜日でも、夜の十時や十一時まで働かされるのか。けっこう、しんどいな」と思いました。それに、私としては、あまり長く企業に勤める気はなかったので、「休みは多いほうがよい」と思っていたのです。

私が総合商社に就職した経緯《けいい》

大川隆法　商社についても近所を回ってみましたが、事前にリクルート社の資料を読む暇《ひま》がそれほどなかったので、やはり、各企業について、あまりよく知らないまま訪問していました。

ただ、三菱商事《みつびし》という会社があることをよく知らなかったので、そこは訪問せず、就職活動が終わってから、「そういえば、そういう会社もあったな」と気づきました。三菱商事からは当会にかなり〝出家《しゅっけ》〟してきているので、申し訳ないのですが、三菱商事は本社が品川方面にあり、私が訪問して回る範囲内には入っていなかったのです。

三井《みつい》物産は近くにあったので訪問しましたが、ここも興銀と同じで三次面接まで通りました。商社について何も分からなかったものの、通ってしまったのです。

しかし、最終的には、別の商社に入社することになりました。

たまたま、その年の夏休みに、高校の先輩《せんぱい》で、ある商社にいる人から、私の兄に、「弟さん、就職の時期なのだったら、うちも受けるといい」と言われていたので、気にはなっていたのですが、そこから呼び出しの電話がかかってきたため、訪問したところ、入社するよう強引《ごういん》に口説《くど》かれたのです。

私は、就職先で、どのような仕事をすることになるのか、よく分からなかったため、「先方が『来い』と言うところが自分に合っているのだろう」と思い、だいたい、それで選ぶことにしていました。それで、その商社に入ったのです。

その会社の業務本部長で常務取締役《とりしまりやく》の人は、東大の先輩で、アメリカに留学したこともある人でしたが、その人が、私に頭を下げ、「ぜひ来てくれ」と言いました。

また、人事担当常務も、東大の卒業生で、しかも高知《こうち》県出身だったので、「四国

（出身者）が来たので、うれしい」と言い、私に対して、前例のない、「A＋《プラス》」という高い評価を付けたらしいのです。

人事担当常務は、通常、「B＋」までしか付けないことになっていました。「A」を付けると、その評価を受けた人が、入社後、あまり仕事ができなかった場合、責任問題が発生するので、人事担当常務は「A」を付けないことになっていたのですが、私に対しては「A＋」を付けてくれたようです。

このように、東大の先輩の常務二名から強引に口説かれました。

また、のちに私が配属された財務本部の本部長も、東大法学部の先輩だったのですが、この人も強力に引いてくれました。

こういう人たちが、「いける」と言うので、「そうかな」と思い、結局、そこに就職を決めたのです。

「札勘《さつかん》ができない」と感じ、銀行には就職しなかった

大川隆法　興銀の話に戻《もど》りますが、その特徴のうち、「給料が高い」ということを、私は、それほど気にはしていなかったのですが、「転勤が少ない」ということと、「窓口業務がない」ということには、実は、やや〝誘惑《ゆうわく》〟を感じました。

しかし、私が、「自分は銀行に向かないのではないか」と直感したのは、「札勘《さつかん》」ができなかったことです。いまだに、一枚ずつでないとお札を数えられないので、困っているのですが、「おそらく、訓練しても、札勘ができるようにはならないのではないか。そのため、怒《おこ》られてばかりになるので、銀行に勤めるのは、やめておいたほうがよいのではないか」と直感的に判断したのです。

ただ、「美人と結婚できる」ということには、やや引っ掛《か》かってはいました（笑）。

ところが、就職した商社で、面接を受けるために人事部に行ったところ、見たことがないような美人ばかり出てきたので、驚きました。当時の東京大学の女学生は

化粧《けしょう》をしていなかったので、化粧をして私服で来る、商社のレディを見て驚いたのです。

そうすると、人事課長が、「君、こんなのは下のほうですよ。本当の美人は営業部に配属してあります。商売をしなくてはいけないので、営業部に美人を配属し、残りが人事部に来ているので、あんなの、大したことはなく、普通です」と言いました。そして、部下の女性を「僕の秘書です」と言い、その女性に、「君、お茶を入れなさい」と言ったりしていたのです。

私は、「この会社には、こんな女性ばかりいるのか」と思い、まんまと引っ掛かりました（笑）。しかも、「交通費を千円ぐらい包まれ、アッサリと落ちた」という、まあ、〝安い男〟ではあったのです（笑）。

興銀入行後、英語の勉強を続けて頭角を現した三木谷氏

大川隆法　私は興銀には入らなかったのですが、三木谷氏は一橋から興銀に入られ

たので、最初は、かなりきつかっただろうと思います。高校時代に、「大学進学は無理」と言われた人が興銀に入ったので、そうとう、いびつな精神状態になったのではないでしょうか。

私より何年あとだったか忘れましたが、「慶応《けいおう》か一橋において全優で首席だった人が、興銀を受けて落ち、自殺した」というニュースが新聞に載《の》ったことがあり、「興銀に落ちたぐらいで自殺するのか」と驚き、「入っても、こき使われて、ろくなことはないのに」という感想を持ったことを覚えています。

三木谷氏は、人生の前半というか、学生時代までは、かなり起伏《きふく》に富んだ状態でしたが、興銀に入ったあたりでエリートの仲間に入り、やがて英語一本に絞《しぼ》って勉強したようです。

興銀の地下には、英会話を勉強できる視聴覚《しちょうかく》教室があったようで、毎日、朝の六時半に出勤し、八時二十分まで、そこで英会話の勉強をしていたそうですし、週末や夜にも、空《あ》いている時間には英語を勉強し、二年間ぐらい、一生懸命《いっしょうけんめい》、勉強したあと、英語の社内選抜《せんばつ》試験で一番を取ったのではなかったかと思います。

それで留学の資格を得て、ハーバード大学経営大学院に留学し、MBA（経営学修士）の資格を取得したあたりで、道が開《ひら》けてきたのでしょう。

日本に帰ってからは、M&A部門を担当したりしましたが、二年ぐらいで興銀を退社しました。海外でMBAを取ると会社を辞める人も多いので、MBAの取得は本当は会社側に嫌《いや》がられるのですが、彼も、案の定《じょう》、興銀を辞めて独立し、やがて楽天を始めたのです。

彼は、このあたりの経歴を梃子《てこ》にし、レバレッジ（梃子）を利《き》かせて、「体制の内側、財界の内側にいる」ということを宣伝しました。そのため、新企業の経営者であるにもかかわらず、ホリエモンのようにはならず、だんだん、上手に上がってきたように思います。

この楽天と、昨日《きのう》、社長の守護霊の霊言を収録したユニクロ（『柳井正《やないただし》社長の守護霊インタビュー　ユニクロ成功の霊的秘密と世界戦略』〔幸福の科学出版刊〕参照）

の二つが、今、社内で英語公用語化に取り組んでいます。ユニクロの柳井社長が英語を話せるかどうか、私は、やや疑ってはいるのですが、英語の公用語化は、おそらく、人集めのためにはよいのだろうと思います。

三木谷氏は十年で一万人企業《きぎょう》をつくり上げた「強運の人」

大川隆法　楽天は、起業後、十年ぐらいで急成長し、今は、海外も入れると一万人を超《こ》える社員を抱《かか》えているので、三木谷氏は、「経営者として名前を遺《のこ》したい」と考え、いろいろな哲学《てつがく》を披露《ひろう》しているところではないでしょうか。

そういう意味で、彼は、今のところ、「強運の人」なのだと思います。

そして、彼の守護霊の霊言が、よいほうで出た場合には、おそらく宣伝になるでしょうが、悪いほうで出た場合には、宣伝にはならないかもしれません。

楽天は、インターネットの普及にうまく合って商売が広がったものの、付加価値として、新しいものをつくったわけではありません。

楽天という会社が、もし、なくなったとしても、ほかのもので代替《だいたい》されるのは確実なので、けっこう競争が厳しい業界なのではないかと思います。

このへんについて、三木谷氏は、どのように考えているのでしょうか。また、海外戦略や世界での活躍について、どのように考えているのでしょうか。

楽天には、ある意味で、当会と軌《き》を一《いつ》にしているところがあるのかもしれないので、何か参考になることを聴ければよいと思います。

「とりあえず数人で始めた会社が、社員やスタッフで一万人を超え、流通総額が兆の単位まで行った」ということなので、戦後の新しい企業家《きぎょうか》として紹介《しょうかい》されるべき事例なのかもしれません。

今日、私がこの場に下りてくる前に、総裁室では、テレビ番組の「カンブリア宮殿」のテーマミュージックがガンガン流れていました（会場笑）。当会も、とうとう〝カンブリア宮殿〟と化してしまい、企業家を紹介しなければいけないようです。

幸福の科学が楽天から受けた「三つの迷惑《めいわく》」

大川隆法　まあ、当会が楽天から迷惑《めいわく》を受けたとしたら、楽天のマークが当会のR《アール》O《オー》マークに似すぎていることでしょうか。クレームをつけようかと思ったのですが、当会の場合、RはOの下に突《つ》き出ているので、若干《じゃっかん》、形が違います。そのため、「まあ、いいか」と思って、クレームをつけるのはやめました。

また、救急病院のマークにはROマークに近いものもありますし、映画館に行くと、成人指定のマークとしてROに近いものが出てくるので、似たようなマークは、ほかにもあります。それで放ってあるのです。

ただし、このような形のマークを、当会が楽天より十年早く使い始めていたことは間違いありません。

また、当会がアニメ映画「永遠の法」（製作総指揮・大川隆法。二〇〇六年公開）をつくったとき、映画に登場する、羽の生えたインディアン姿の指導霊《しどうれい》に、私は

「ゴールデン・イーグル」という名前を付けたのですが、その製作途中《とちゅう》で、楽天は、「ゴールデンイーグルス」という名の球団をつくりました。「このまま、この名前を使ったら、逆に、当会が『まねをした』と言われる」と思い、しかたがないので、名前を「ゴッド・イーグル」に変えました。そういう経緯《けいい》があります。

この二つだけは迷惑を受けています。

三つ目を言えば、エックスワイフ（前妻）は、インターネットを覚えたころ、毎日、楽天で買い物ばかりしていました。一日中、ネットサーフィンをし、気に入った品物を見つけては買いまくったため、商品が毎日のように家に届いていました。かなり無駄遣《むだづか》いをしていたでしょう。

しかも、彼女は、そのせいで勉強しなくなりました。それ以前には、年に三百冊以上の本を読んでいたと思うのですが、楽天で買い物をし始めたら、本を読まなくなったのです。これは本当にあったことです。そのため、私には、彼女の頭がしだいに劣化《れっか》していくように見えてしかたがなかったのです。

あれに夢中になると駄目なのです。ああいうものに、主婦などがかなり〝はまっている〟のだとしたら、インターネットには、社会善か社会悪か分からない面が一部あるのではないでしょうか。そういう疑問を私は持っています。

楽天の会長・社長、三木谷浩史氏の守護霊を招霊《しょうれい》する

大川隆法　以上を前置きにして、始めることにします。

この人の守護霊は、けっこう話すかもしれません。

（質問者に）よろしくお願いします。

（合掌《がっしょう》し、瞑目《めいもく》する）

それでは、楽天の会長・社長をしており、新しい経営者の代表でもある、三木谷浩史さんの守護霊をお呼びし、幸福の科学総合本部にて、そのご意見を賜《たまわ》りたいと

思います。

新しい企業家として、現在と未来の経済や経営、この国のあり方等について、どのような意見を持っておられるのでしょうか。

今回の霊言の読者である方や、そのＤＶＤを観《み》る方にとって、経営の参考になるようなこと、あるいは、ビジネスマンやビジネスウーマンの仕事の参考になるようなことを、お聴きできれば幸いに存じます。

三木谷浩史さんの守護霊、どうか、幸福の科学総合本部に降りてきてください。

（約十秒間の沈黙《ちんもく》）

2 「楽天」成功の秘訣《ひけつ》とは

幸福の科学の信者に関心がある三木谷氏守護霊

三木谷浩史守護霊 （守護霊インタビューを）去年から頼《たの》んでるんですけど、幸福の科学は遅《おそ》いですよね。楽天は、その日のうちに決めて、翌日には、もう発送しなければいけない。いくら何でも遅すぎます。

宇田 楽天の三木谷社長の守護霊様ですか。

三木谷浩史守護霊 そうです。

宇田　幸福の科学をご存じですか。

三木谷浩史守護霊　知ってますよ。有名ですよ。まあ、幸福の科学にそう関心はないけど、信者には関心がある。

宇田　信者に関心がありますか（笑）。

三木谷浩史守護霊　うん。ハハハハハハハ。どんどん信者を増やすんだったら、幸福の科学と仲良くしておけば、うちの売り上げが確実に増えますからね。

「興銀」と「ハーバード」が宣伝に効き、営業でＰＲに務めた

宇田　今日は、「楽天という企業《きぎょう》を、十数年で、ここまで成長させた、三木谷社長の成功の秘訣《ひけつ》を、教えていただければありがたい」と思い、お越《こ》しいただきました。

三木谷浩史守護霊　成功の秘訣といっても、まあ、運命だね。うん！　運命だと思う。

宇田　一九九七年に創業しておられますが、そのころには、ＩＴは、もうかなり普《ふ》及《きゅう》し始めていましたから、ある意味で、楽天さんは少し後発だったと思います。

三木谷浩史守護霊　そうだねえ、ちょっと先に出ているものがありましたね。

宇田　そのなかで、三木谷社長は、「インターネット上でのショッピングモール」というアイデアで、商売を広げてこられたと思います。ライバルはたくさんいたと思いますが、途中《とちゅう》、いわゆる「ホリエモン事件」などもあり、ライバルたちは次々と潰《つぶ》れていきました。なぜか楽天が勝ち残ってきたわけですが、多くの人が、「その秘密を知りたい」と考えていると思うのです。

三木谷浩史守護霊　先ほど、よかったのか、悪かったのか、分からない、ちょっと怪《あや》しいご紹介《しょうかい》を受けたのですが、幸福の科学も、中立でなくてはいけないマスコミみたいになってきているのかもしれません。功罪の両方があるような言い方でしたね。

やはり、「興銀」と「ハーバード」が宣伝に効いたし、ＰＲに努めたことも事実ですね。

だけど、最初のころの営業は、けっこう、きつかったよ。東北や九州まで行き、「おたくの店の商品を、うちで売らせてもらえませんか」みたいなことを言うわけだし、インターネットについて田舎《いなか》の人たちに説明するのも、けっこう大変だったからね。

そういう汗《あせ》をかいたところも、いちおう認めてほしいんだけどなあ。

だから、単純に、「インターネットが普及したために成功できた」みたいに言われると、不本意だね。インターネットができる人は、ほかにも大勢いただろうけど、営業のほうも頑張《がんば》ったんでね。

ホリエモンさんのほうは、どちらかといえば、メカのほうに強い人だったと思うんですよ。機械そのもののほうに、わりに強かったんじゃないかと思うんですけど、私のほうは、実は、そういうものには、そんなに強くはなかったんですね。

アメリカ留学で「経営の未来」が見えた

宇田　では、インターネットの理科系的なプログラミングなどではなく、要は、三木谷社長の、持って生まれた、商才というか、営業力というか、そういうもので、インターネットでのショッピングを、最初に世に広めていき、創業者利益を得たというか……。

三木谷浩史守護霊　幸福の科学でも、「英語を勉強しろ」とか、「アメリカへ行ってこい」とか、言っているんでしょう?

結局、先進国に行った場合、「未来が見える」というところがあるからね。かなり差は縮まったとはいえ、アメリカのほうが、日本より、まだ、ちょっと進んでいるところがある。

例えば、アメリカに行き、コンビニが流行《はや》っているのを見た人には、日本の将来が、はっきり見えたわけだよね。セブン-イレブンだって、日本の人が、ほとんど気がついていないときに、「日本でも流行る」と断言して、それをやった人は、やはりナンバーワンになっている。

それと同じで、アメリカへ行き、向こうで見て、「日本でも、やれるんじゃないか」と思ったようなことを、日本に持ち込《こ》んでくれれば、成功できた面がある。

アメリカには、まだ、若干《じゃっかん》、日本を先取りしている部分があったので、アメリカに行けば、経営の未来が見えた部分があった。

私がアメリカに行ったときには、あちらでも日本と同じくインターネット系は広がっていましたけど、「これは、これから伸《の》びる世界かな。今なら、まだ、競争で打ち勝てば、伸びることができるのではないか」と思いましたね。

「商売のタネ」に満ちていたアメリカ

宇田　三木谷社長は、ハーバードに留学され、アメリカの東海岸で、おそらく、いろいろなものを見聞きされたと思います。当時、ヤフーやアマゾンが先行していたと思いますが、「そういうものを見てヒントをつかんだ」と理解してよろしいでしょうか。

三木谷浩史守護霊　孫《そん》（正義《まさよし》）さんも、バークレーか何かに……。

宇田　そうです。西海岸に留学しています。

三木谷浩史守護霊　孫さんはカリフォルニアのほうだけど、やはり、あちらに行ったのがきっかけでしょう?　日本の大学じゃ、たぶん、駄目《だめ》だっただろうと思う。あちらへ行ったので、「起業家になろう」と思ったわけだね。あちらには、そういう気風がある。

だから、「いかにして早くお金を儲《もう》けるか」みたいなことを考える。ハーバードだって、けっこう、それにのめり込んでいるし、だいたい、ビル・ゲイツが、大学をやめて起業しちゃったぐらいだからねえ。

それから、今の「フェイスブック」の彼……。

宇田　ザッカーバーグです。

三木谷浩史守護霊　ザッカーバーグね。彼もそう。学生時代に始めたけど、そういう気風があるからね。

まあ、「商売のタネ」に満ちていたところはあるかな。

宇田　彼らに比べ、三木谷社長の起業時期が少し遅かったのは、興銀で学ぶことがまだあったからでしょうか。

三木谷浩史守護霊　最初は、それほどエリート扱《あつか》いではなかった。大学時代にはテニス部長だったから、どうせ体力要員としての採用だろうと思いますけど、留学してからは扱いが変わりましたね。

M&A部門担当になり、〝いいほう〟に回ったので、「出世の可能性があるかな」という気も少しはあったね。

ただ、私としては、「銀行のノウハウのなかで取れるものは取り、そのあと事業をやってみたい」という気持ちはありました。

また、長期信用銀行法で守られていた「興銀」「長銀（日本長期信用銀行）」「日《にっ》債銀《さいぎん》（日本債券信用銀行）」の三つは、結局、潰れてしまいましたが、「そのへんの見切りは、ある程度、できていた」というところはあるかな。銀行業界が統廃合《とうはいごう》に入ることは見えていたかもしれない。

体育会系の三木谷氏は「上を立てること」を勉強した

宇田　ＩＴ産業における、ベンチャー企業の他《た》の社長たちに比べ、三木谷社長には、年寄りと付き合うのがうまいところもあります。「年上の人を立てながら、うまく世を渡《わた》っていくことが、すごく上手だな」と思えるのですが、そのへんも興銀で身につけたのでしょうか。

三木谷浩史守護霊　「ホリエモンさんと違《ちが》うのは、そこだ」と言うんでしょう？　彼には、Ｔシャツを着て、背広姿の年寄りと平気で会ったりするようなところがありますが、「無礼《ぶれい》だ」という感じなのでしょう？

だけど、アメリカのＩＴ業界を見たら、Ｔシャツを着てジーパン姿で働いている人が大勢いるからね。彼は、それに合わせただけだろうけど、それは日本では通じなかった。

私は、体育会系だから、「上を立てること」を勉強した。また、銀行では私はスーツを着て働いていたし、行内には、「入行が一年違えば、神様と虫けらぐらい違う」という気風もあったんでね。

私には、そういう訓練を受けた部分がある。それが、似たようなシチュエーション（状況《じょうきょう》）において、向こうは転落になっても、私がそうならなかった理由かもしれませんけどね。

興銀時代に事業家精神がムクムクと湧《わ》き出てきた

宇田　興銀には東大出身者がとても多いのですが、失礼ながら、三木谷社長は一橋《ひとつばし》出身でいらっしゃるので、東大出身者を超《こ》えるには、ハーバードに……。

三木谷浩史守護霊　私はハーバードのMBAまで行《い》ったので、いちおう、幹部として残れないことはない状態にはなったし、興銀にも、中山素平《なかやまそへい》さんという、一橋卒の有名な経営者もいるから、「一橋卒でも、能力があれば、将来に関する可能性がないわけではない」とは思ったのですが、「事業家精神みたいなものがムクムクと湧《わ》き出てきた」というところはあるかねえ。

最近は「生意気になってきた」と言われ始めている

宇田　ホリエモン事件もそうですが、日本では、いわゆる「IT長者」に対して、マスコミも官庁も嫉妬《しっと》し、「潰す」ということが、この十年や二十年、続いてきました。そのなかを、三木谷社長が、「唯一《ゆいいつ》」と言ってもよいほど、うまくかいくぐってこられたのは、興銀で学ばれた処世術のようなものがあったからでしょうか。

三木谷浩史守護霊　でも、最近は、「ちょっと生意気になってきた」と言われ始めてはいるね。

宇田　経団連を抜《ぬ》けられたあたりから、「いかがなものか」という意見はあります。

三木谷浩史守護霊　そう。経団連を抜け、政府に意見を言い出したりしているから、「ちょっと生意気になってきたな」と言われ、狙《ねら》われているように感じてはいる。「何かチャンスがあれば、足払《あしばら》いを食わせてやろう」と思われている感じだな。

3　楽天の目指すもの

三木谷社長が幸福の科学から学んだこと

宇田　楽天グループの売り上げは連結で五千億円に迫《せま》り、利益率もそうとう高いので、「三木谷社長は、すでに一流の経営者の仲間入りをした」と日本国民は思っていると思います。

そこで、三木谷社長がお考えになっている、「楽天グループの今後の発展構想」などについて、教えていただければと思います。

三木谷浩史守護霊　うちが急成長した理由として、まあ、「宣伝がうまかった」というところはあるんじゃないかと思うんですよ。だから、あっという間に知名度を上げた。いろいろなかたちで上げたし、球団を買ったことでも上げたしね。
ただ、放送局（ＴＢＳ）の買収に関しては、ホリエモンさんと同じで、ちょっと難しいところはありましたし（注。堀江《ほりえ》氏はニッポン放送の買収を目指したが、失敗に終わった）、「マスコミを敵に回す怖《こわ》さ」というものを感じましたね。
いやあ、ちょっと〝ヨイショ〟をかけておかないと危ないから、かけてみますけど、私は、大川隆法先生という先輩《せんぱい》が活躍《かつやく》なされているのを、静かに観察しながら、「新しい企業《きぎょう》組織を立ち上げていくには、どのようにするのか」ということを、見てはおりましたからね。

綾織　具体的には、どういうところを、最も取り入れたのですか。

三木谷浩史守護霊　おたく様は、どう思っておられるのか、知りませんけど、やはり、「トップのカリスマ性は大事なのだ」と思いましたね。

それと、おたく様は、宣伝のうまい教団だと私は思うんですよ。「すごく宣伝が上手だな」というのが感想ですね。広告もやりますけど、「いろいろな事件をたくさん起こしながら宣伝している」というあたりが……。

綾織　自分たちで起こしているわけではありません（笑）（会場笑）。

三木谷浩史守護霊　いやあ、自分たちで起こしているわけではなくても、なぜか事件が起き、騒《さわ》がれても、攻撃《こうげき》したところのほうが、結局は、やられていく。そういう流れを見て、「そうとうの寝業師《ねわざし》だ」という印象を受けました。

なぜ、TBSを買収しようとしたのか

綾織　そういう考え方から、球団の取得やTBSの買収に関する騒ぎがあったわけですね。

三木谷浩史守護霊　やはり、喧嘩《けんか》みたいなものが起きると、世間《せけん》は注目するんですよね。これの宣伝効果は極《きわ》めて高いんですよ。喧嘩をすると、みんな、それに注目するから、宣伝効果があるのです。

ただ、それで失敗すると、叩《たた》き落とされ、一敗地にまみれてしまうから、喧嘩をして注目を集めても、最後には、上手に勝たなければいけない。

幸福の科学は、そういうところがうまいですね。

綾織　TBSの買収では、はっきり言って完敗してしまったわけですが、ここを切り抜《ぬ》けていった秘訣《ひけつ》は、どういうところにあるのでしょうか。

三木谷浩史守護霊　動機において、ちょっと不純なところがあったかな。TBSが所有する、赤坂《あかさか》の土地が、含《ふく》み資産としては、かなり狙《ねら》えるものだったんだ。要するに、「今は地価が下がっているけど、将来的には、これは、かなりの財産に変わるんじゃないか」という思惑《おもわく》があった。

うちみたいなところは、急成長をしても、最終的には、財務的な裏付けを十分に固めにくいのでね。だから、TBSそのものより、TBSが赤坂辺《へん》のいい所に持っている不動産部分が狙い目ではあった。

宇田　放送事業そのものより、含み資産を……。

三木谷浩史守護霊　いや、「放送事業も使える」とは思っていましたよ。もちろん、それにも関心はあったし、その業務知識がないわけではないけど、総合的に見て、不動産等と放送業務と両方を買える感じだったので、その誘惑《ゆうわく》はありましたね。

楽天が英語に力を入れる理由

綾織　楽天は、今、日本では、最大手のネットショップ、ショッピングモールを開き、海外にも事業を展開しているわけですが、未来において、どういう世界企業となっていくのでしょうか。それに関して、本音のところを、ぜひ教えていただきたいと思います。

三木谷浩史守護霊　インターネットショッピングで、国内にとどまらず、海外にまで進出し、世界連結まで行えれば、そうとうなところまで行き、最終的には、今までに見たことのないような世界企業ができる可能性があると思う。

そうするための方法はというと、これについては、ユニクロの柳井《やない》さんも同じ考えなのかもしれないけど、やはり、社内で英語を公用語化することだね。英語を公用語化しておけば、「世界中で、英語を使って仕事ができる」というところがあるんじゃないかな。

私がツイッターに日本語で書くと、海外には、それを読める人は少ないけど、英語で書けば、あっという間に海外からも反応が出てくる。だから、これは英語を中心にやるべきだ。

自分の強みとしてはテニスと英語しかないけど、テニスのほうは、今のところ、体力で使うしか、使い道がないので、「英語を生かしたほうがいいのかな」と思ってね。

また、英語に力を入れると、若手の人材を、わりに集めやすいところもあるし、海外での人材採用もしやすくなる。

ここを強みにすれば、同業他社に差をつけることができるかな。

孫《そん》さんも、留学しているから、英語ができるし、自動翻訳《ほんやく》機をつくったぐらいの人だからね。最終的には、あのあたりまで乗り越《こ》えたいとは思っております。

「心のなかから国境を消そう」という発言の真意

綾織　三木谷社長のご著書のなかにある、「心のなかから国境を消そう」「世界は一つであると感じよう」というような考えには、捉《とら》え方によっては、国そのものを否定的に見るようなところもあるのではないかと思います。そのへんが気になるのですが、いかがでしょうか。

三木谷浩史守護霊　君たちの「ザ・リバティWeb《ウェブ》」と同じ精神だよ。基本的には、国境を越えなきゃいけない。

綾織　当会は世界宗教です。

三木谷浩史守護霊　世界宗教だろう？　だから、うちも世界企業で別にいいじゃないの。何言ってるの。

綾織　ただ、私たちは国境そのものを否定しているわけではありませんし、各国が、国ごとに、きちんと繁栄《はんえい》していくことを望んでおります。

三木谷浩史守護霊　言っとくけど、私のところは、ユニクロほど弱みを持っていないからね。ユニクロは、中国で店をたくさん広げているけれど、あれ、「焦《こ》げ付いたら終わりになる」というのが、もう分かっているよね。（柳井氏は中国リスクについて）必死に抗弁《こうべん》していると思うけど……。

綾織　楽天も、一度、中国に出店され、そのあと撤退《てったい》されましたが。

三木谷浩史守護霊　私は、わりに先進国が好きだけどね。

ただ、だんだん、「BRICs《ブリックス》（ブラジル・ロシア・インド・中国）」などが発展してくるだろうから、商売的には、まだまだ広がり、国際企業になって広がっていくんじゃないかと思っている。

日本から、そういうグローバルな企業が出て、世界の人たちを雇用《こよう》できるようになったら、やはり、すごいことではないですか。そういう夢はあるね。

綾織　日本そのものを否定的に見ているわけではないのですね。

三木谷浩史守護霊　うん。日本そのものを否定的に見ていれば、財界人が、「政府のお役に立つ」という〝無駄《むだ》〟な時間を使っていてはいかんでしょうね。

ビル・ゲイツ程度の名前は遺《のこ》したい

宇田　目指すものは、やはり、無国籍《むこくせき》企業のようなものでしょうか。

三木谷浩史守護霊　無国籍じゃない。

宇田　多国籍?

三木谷浩史守護霊　多国籍ですね。

宇田　最初から世界を狙っているわけですか。

三木谷浩史守護霊　まあ、ビル・ゲイツ程度の名前は遺《のこ》したいものですなあ。

宇田　世界中に「楽天」の名前が広がる?

三木谷浩史守護霊　そうそうそうそうそう。

宇田　「世界のスタンダードになる」という……。

三木谷浩史守護霊　だから、海外で有名になるようなことを、これから、いろいろと仕掛《しか》けていきたいと思っております。

宗教に対して、ビジネス的な見方をする三木谷氏守護霊

三木谷浩史守護霊　おたく様が世界宗教を目指されるのでしたら、ぜひ、うまくジョイントしたい。どうですか。ジョイントベンチャーで世界に宣伝し、それと信者を増やすのとが一体化すれば、けっこういける。おたく様が信者を集めてくれれば、私のほうは、その信者にインターネットで商品を売り込《こ》めますからね。それで、日本製品もたくさん売れますし……。

宇田　私たちは、大川隆法総裁の教え、法を、やはり、人と会って話し、「ハート・トゥ・ハート」で伝えていきたいのです。効率が悪いようでも、それをしていくことによって、人は感化されると思っています。

三木谷浩史守護霊　いやあ、それはねえ、君、移動時間を考えたら、やはり無理ですよ。交通手段がもっと速くなりゃ別だけども、十何時間もかかって海外に行って伝えるなんて、それでは、なかなか伝わらないですよね。

綾織　ビジネスとは違《ちが》い、宗教なので、やはり、「人と人とが会う」というところに最も価値があるんですね。

三木谷浩史守護霊　私なら、「ザ・リバティWeb」みたいなもののM&Aを狙いますね。資金を中学や高校につぎ込んでも、儲《もう》からない。学校を建てたりせず、そのお金で、インターネット系の企業などに買収をかけ、そして、もっと世界に発信すべきだと思いますね。

綾織　そのへんについては長期的に見ていますし、幸福の科学には、伝えるべき最も大きなものとして、仏法真理《ぶっぽうしんり》や正しい価値観などがあるので、必ずしもビジネスの世界とは同じでないところがあります。

三木谷浩史守護霊　そうかね。私には、ほとんど一緒《いっしょ》に見えてしょうがないんですがね。

綾織　それはビジネス的な見方なのだと思います。

三木谷浩史守護霊　まあ、われわれのやっていることは、みんな一緒だろうけども、「売り上げ最大」「利益最大」を目指し、「同業者のなかで生き残れるのはナンバーワンだけだ。ナンバーワンしか、結局は生き残れない」と思い、とにかくライバルたちを追い抜くしかありません。それをやらなければ生き残れないと思っています。

多国籍企業《たこくせききぎょう》で経営陣《じん》をつくるのは難しい

宇田　ユニクロの柳井社長は、「十数年後に売り上げを五兆円にする」と言っていますが、三木谷社長は、いかがでしょうか。何を目標にされていますか。

三木谷浩史守護霊　うーん。一兆円から五兆円ですか。それでは、確かに、宗教界に食い込まないといけないかもしれませんね。それは、なかなか大変でしょう。

実際問題として、経営は難しいものですよ。

うちも、人数が、十年ぐらいで、あっという間に増えていったので……。

宇田　今は従業員一万人ですね。

三木谷浩史守護霊　経営陣《じん》をつくるのは、そんなに簡単なことではないんですね。全部を自分でやるのは無理だから、自分の意見を、一生懸命《いっしょうけんめい》、発表したりしているんですよ。本を書いたり、経営方針みたいなものを英語で発表したりして、できるだけ、考え方を共有してもらえるようにしようとはしているけど、実際上、多国籍企業《たこくせききぎょう》で経営陣をつくるのは難しい。

でも、あなたがたも、たぶん、同じような悩《なや》みを抱《かか》えていらっしゃるんじゃないかと思うんですけどね。

4　予想される「リスク」への対策

「レンタル文化」が日本に流行《はや》った場合の危険性

綾織　三木谷社長は、一つのビジネスモデルとして、ネットのなかでショッピングモールをつくられているわけですが、イメージとしては、昔のそごうのように、大きな〝箱〟を構え、そこにお店を入れて展開しているように見えます。しかし、これが、どこまで成長していけるのか、疑問もあります。ご自身では、そのへんについて、どう思われますか。

三木谷浩史守護霊　確かに、大きな経営環境《かんきょう》の変化があったときには危険がある。だから、国家とどこかで結び付いておかないと危ないところは、確かにあるわけで……。

綾織　ああ、そういうことですか。

三木谷浩史守護霊　大きく方針を変えられたりした場合、問題が起きる可能性はないとは言えませんね。

また、今のところ、インターネットで買い物をする人をターゲットにしているけども、アメリカなんかは、買い物ではなく、レンタル文化に入っているので、「買わないで使用するだけ」というのが、えらく増えている。「この文化に入ったときに、どのくらいもつか」は、計算しなくてはいけないところですね。

例えば、あなた（綾織）は、いいネクタイをしてらっしゃるけども、インターネットショッピングで、そういうネクタイを買ってくれた人たちが買わなくなり、今は、レンタルしてるんですよ。「一カ月のうちで、何百種類か提示してくれるなかで好きなものをレンタルし、それを返して、別の人がまたレンタルする」みたいな感じです。同じものばかり着《つ》けられないからね。

そういうレンタル文化は、自動車にもありますよ。昔は、レンタカーを借りて走り回っていたのが、そういうものじゃなく、「途《と》中《ちゅう》のガソリンスタンドでレンタカーを借り、どこで乗り捨てても構わない」みたいなレンタルが流行《はや》ってきているので、場合によっては、このレンタル系のものが、インターネットショッピングに大きな変化を起こす可能性が出てくる。

これでやられると、若干《じゃっかん》、危険ですねえ。

つまり、「赤福《あかふく》」みたいなものは食べてしまわなきゃいけないから、レンタルのしようがありませんけども、服とか、そうした残るものについては、アメリカなんかでレンタル系のものが出てきている。要するに、「ローコストで、使えればいい」というカルチャーが流行ってきてるので、こうなると、「利益率がどんなふうになるんだろうか」とか、やはり考えるところはありますね。

綾織　リアルの世界での、そごうやダイエーなどは、土地の値段が上がっているときであれば成り立ちましたが、環境が変わるとうまくいかなくなりました。もしかしたら、そういうことが、ネットのショッピングモールでもありえますか。

三木谷浩史守護霊　それもあるし、インターネット系でも、いろんな会社ができてくるから、より進化したものが、いろんなかたちで出てくる可能性がある。

もし、われわれの企業《きぎょう》のルールを踏《ふ》み越《こ》える領域に入ってくるようなものが出てきた場合は危険だね。そういうソフトウォーで、もう一段、上のものをつくれる人が出てきた場合、危険度は高いですよ。NTTに対して第二電電が出てきたようなかたちで、「違《ちが》うもの」が出てきたときは、ちょっと危ないかもしれないですね。

「中内切霊《なかうちいさおれい》によるコメント」への反発

綾織　昨年、ダイエーの中内《なかうち》元社長から、こうしたかたちで霊言《れいげん》を頂いたのですが（注。二〇一二年十月二十六日に、「『ダイエー創業者 中内切《いさお》・衝撃《しょうげき》の警告』――日本と世界の景気はこう読め――」を収録）、そのなかで、三木谷社長について……。

三木谷浩史守護霊　おお！　コメントがあった？

綾織　はい。「野心の成長度が、企業の成長度を超《こ》えているように見える」と……。

三木谷浩史守護霊　野心の成長度……（会場笑）。それは、中内さんに言われたくないなあ。あの人こそ、野心の塊《かたまり》じゃないの？　それはおかしいわ。

綾織　ご自身の経験も踏まえておっしゃっています。

三木谷浩史守護霊　いやあ、それはおかしい。あの当時、「一兆円企業」って言ってたんでしょう？　〝大昔〟に「一兆円企業」と言ってたよ。日本がやっと戦後の成長期に入ったころに、「目指せ！　一兆円！」と言っていたのは、あの人でしょう？　よく言うよ。どうせ、地獄《じごく》でしょう？

綾織　今は、あの世に還《かえ》られていますので、野心の部分は小さくなられています。

三木谷浩史守護霊　ええ？　地獄じゃないの？

綾織　はい。

三木谷浩史守護霊　おかしい……。

綾織　冷静に見られていると思いますが。

「電機系」「宅急便系」「外資系」から攻撃《こうげき》される可能性も

三木谷浩史守護霊　でも、今は、電機系の旧・松下《まつした》、今の何だ？　パナ……。

綾織　パナソニック。

三木谷浩史守護霊　パナソニックとか、ソニーとか、シャープとか、こういうところが、今、けっこうふらついているでしょう？　こういう電機系の企業は、物をつくりますからね。これと、物を使うほうのユーザーで儲《もう》けているわれわれみたいな企業がありますけれども、ああいう物をつくるほうは、やはり原価が重くなってくる。そういう意味での不安定度を増してきているので、いったい、どちらが主導権を取るかは分からない感じがありますね。

でも、電機系の企業がイノベーションをかけて巻き返してきて、製品と同時に、そうしたサービスのほうも取り込《こ》んでくるとか、そういう革命家が出る可能性もないとは言えない。

また、うちも宅急便文化なんかの恩恵《おんけい》は、そうとう受けていると思いますけども、もう一つは、宅急便経営のほうから逆侵食《ぎゃくしんしょく》をかけられてきた場合ですね。すなわち、革命児が宅急便系とインターネット商売を連結して攻《せ》めてくる可能性もある。

さらに、外資系からの攻撃《こうげき》というのがあるわね。日本がもっと市場を開いていった場合、もし、外資のほうが強引《ごういん》に攻めてきたときに資金力で敗れたりすると、M&Aでやられる場合だってあるからね。そのへんのいろんな可能性はある。

「楽天の球団経営」は、本当に見栄《みえ》なのか

綾織　もう一言、中内さんの霊がおっしゃっているのは……。

三木谷浩史守護霊　まだ言ってるの？

綾織　はい。「楽天は、見栄《みえ》で球団経営に手を出しているから危ない」と……。

三木谷浩史守護霊　見栄？　あそこもやったんじゃなかったっけ？　ダイエーも。

綾織　ダイエーは、球団経営を長くやっていました。

三木谷浩史守護霊　あれは見栄じゃないの？　〝肉屋さん〟が球団をやって、どう

するのよ？

宇田　「起業してまだ長くないのに、球団経営は早いのではないか」という意見だと思います。

三木谷浩史守護霊　まあ、昔から、「球団に手を出したら企業が傾《かたむ》く」っていう伝説はあるからね。そういう見栄のほうに行ってね。

要するに、勝ったり負けたりするからね。連戦連勝なら、売れて売れてしょうがないので、別に問題はないのよ。負けたら急に、店の雰囲気《ふんいき》がストンと落ちるけど、勝ったら大安売りをかけたりして、客を呼び込めるんだろう？

ダイエーとか、ほかのところは、そういうことをやっていたんだと思うけど、うちみたいなところは、ずばり、そういうふうにはなりません。

ただ、「経営者が、毎日の勝敗を気にし始めたら、コンセントレート（集中）できなくなってくる」という危険はあるでしょう。確かに、負けが続くと、商売に逆の影響《えいきょう》が出ることはあるわね。

でも、夢としては分かるのよ。ダイエーみたいに球場を持って、ホテルをつくり、球団もやって、それを宣伝に使いながら、コングロマリット（複合企業）的に大きくなっていこうというのは、野心の塊だよね。食肉業で、本当は鹿児島《かごしま》まで行って農家に〝肉〟をつくらせ、それを潰《つぶ》し、安売りして広げてたのが、そこまで手を出し、全体に文化的複合体になって、大きくしようとしていったんでしょう?

まあ、時代が変われば、いちおうかたちは変わるかもしらんけど、考えることは、みんな一緒《いっしょ》だよね。やれることなら何でもやろうとはするわね。

だから、うちも、「宗教法人をM&Aしてもええ」と思ってるのよ。ほんと言うとね。

宇田　いえ、当会は株式を発行していませんから、無理だと思います。

三木谷浩史守護霊　いや、十分できるんじゃないですか。うちは、サービスを提供できますよ。

5 「楽天帝国《ていこく》」への野心

「劣等感《れっとうかん》の裏返しの野心家」としては孫正義《そんまさよし》氏のほうが上？

宇田　「球団を買収したあたりから、三木谷社長が変わってきた」というのが世間《せけん》の見方だと思うのですが、創業時とは考えを変えられたのでしょうか。もちろん、今も業績は絶好調ですが、何か変化はございましたか。

三木谷浩史守護霊　だいたい、「創業して十年すれば、一通りの危機は全部経験する」と言われてるけど、うちは、いちおう、それを越《こ》えたので、大丈夫《だいじょうぶ》だとは思うけどね。あのアメリカのリーマン・ショックも乗り越えたのでいけるとは思うんですがね。

これから、「嫉妬《しっと》の銃弾《じゅうだん》をかいくぐる」っていうやつが始まるのかどうか分からないんですけども、嫉妬されるかなあ……。

綾織　そのへんは、おそらく、単なる事業の拡大だけでなく、「世の中に対して、理想を提示する」などといったものがないと難しいと思うのです。

三木谷浩史守護霊　まあ、「劣等感《れっとうかん》の裏返しで、野心家になる」という意味では、私よりも孫《そん》さんのほうが確かに上だとは思うんですよね。「『在日』で苦しんだので、いじめたやつを見返してやりたい。韓国姓《かんこくせい》のままで世界に知られたい」っていうような思いですね。あのへんは、私よりも、もっと根深いものがあるとは思うんです。

そうだねえ、動機がどこまであるかでしょうね。「拡大したい動機が、どこまであるか」っていうところだろうけど、まあ、そろそろ退屈《たいくつ》はしてきているので、ちょっと違《ちが》う業種も考えようかなとは思っております。

インターネットショッピングだけじゃ、ちょっと面白《おもしろ》くないじゃないですか。結局、仮想現実の世界ですからね。商店が、全部、自分のものだったら、そりゃあ、面白いけど、自分のものじゃないからね。商品の流通だけだから。

宇田　そうですね。ご自身では、在庫を持っておられないので……。

三木谷浩史守護霊　昔で言えば、取次店や卸売店《おろしうり》？　まあ、言えば問屋《とんや》だから、問屋だけじゃ、面白くないわねえ。今、つくるところから最終まで、いろいろやれることがないか、考えてはいるよ。

綾織　そのへんは、地上のご本人にも、もしかしたら伝わっていないところかもしれませんので、今、おっしゃっていただけると伝わるかと思います。

キャッシュレス経済で家計が破綻《はたん》したら「政府が補償《ほしょう》すべき」

三木谷浩史守護霊　あとは、資金の具合にもよるけどね。資金さえあれば、やれることはいくらでもありますし、金融《きんゆう》業のほうが馴染《なじ》んではいるから、「金融業界のほうで、一つ、大きなものをつくっていくこともありえるかもしれない」とは思っておるけどね。

日本には、ちょっと遅《おく》れてるものもあるからね。今、電子マネーの時代には入ってるんだけど、まだ福沢諭吉《ふくざわゆきち》の一万円札にこだわっているところがあるから、このへんは、アメリカより遅れているんじゃないかねえ。

だから、これを、もうちょっと、一万円札なんか見なくてもやれる気分を味わわせると、いい感じになるのよね。国民全体を、自分がいくら買ってるか分からないようにしてしまうのがいちばんいいんですよ。

綾織　ほお。

三木谷浩史守護霊　最終的に、家計がどうなってるか分からないようなところまで、やっぱり持っていかないと……。

宇田　そうすると、アメリカのように消費のほうが勝ち、家計が破綻《はたん》してくる可能性があるのですが。

三木谷浩史守護霊　それはあるでしょうね。だから、それは政府が補償《ほしょう》すべきでしょう?

宇田　「国民の幸福」とか、そういうことは、企業《きぎょう》の経営理念のなかにないのですか。

三木谷浩史守護霊　いやあ、「物が手に入る」っていうのはいいじゃないですか。金も払《はら》わずに手に入って、その赤字は他人が埋《う》めてくれるんだから。

宇田　でも、家計が破綻したら……。

三木谷浩史守護霊　結構じゃないですか。それは、いいじゃないですか。

宇田　「電子マネーやカードを使いすぎると、家計が破綻する」という、アメリカの先例があったと思うのですが。

三木谷浩史守護霊　ああ、そうですよね。
でも、信用経済は、アメリカより遅れてますよね。

宇田　はい。

三木谷浩史守護霊　だから、〝小切手経済〟だって、全然、発展しないでしょう？　アメリカだと、普通《ふつう》の人でも小切手を使っています。彼らは、あまりキャッシュなんか持ってませんよね。ほとんどね。

だけど、日本は、まだキャッシュにこびり付いてるから、これが遅れていると思うんですよ。キャッシュレス経済を、うまく商売とリンクさせることができれば、つまり、キャッシュのない金融業を上手に発展させることができれば、もう一段、大きなところまでいける可能性はある。

「国民総背番号制に参入したい」との発言に漂《ただよ》う危険なにおい

三木谷浩史守護霊　それと、今、政府は、個人情報のほうに目が向いていて、背番号制みたいなもので、全財産からキャッシュの動きまで、個人情報を全部つかめるようにしたがっている。まあ、これは、財務省が中心に考えてるんだと思うけど、納税者をつかまえるために、やってるんだろう。

うちだって、ここに参入できれば、どこに金が眠《ねむ》ってるかは全部分かりますからね。どこに売りつければいいか、もう一発で分かる。今は、ただただ店を開《ひら》いて、向こうから買い込《こ》んでくるのを待ってるけど、この国民総背番号制にジョイント(提携《ていけい》)で入り、国家と一緒《いっしょ》になって国民全部の財産状況《じょうきょう》まで把握《はあく》することができれば、そこに売り込むことはできますよね。「あんた、もうちょっと、これを買わないと、たくさん税金を取られるよ」と言って、やれるじゃないですか。

綾織　何か、非常に危険なにおいが漂《ただよ》ってきているのですが……。

三木谷浩史守護霊　危険じゃない。全然、危険じゃないから。これは、未来企業のあり方だよ。

綾織　いや、どうですかね。確かに、そういう新しい信用創造をすることは非常に大事だと思いますが、それを通じて、「どういう世の中にするのか」「どういう幸福を生み出すのか」というところにいかないといけないのではないでしょうか。「情報を管理して、そこに売りつけよう」というのは、少し何か……。

三木谷浩史守護霊　君、それは、「ザ・リバティ」が遅れている証拠《しょうこ》なんだよ。

「楽天の電子マネーで日銀の代わりができる」という自信

三木谷浩史守護霊　昔は、一メートルも二メートルもあるような石の塊《かたまり》をくり抜《ぬ》いたやつをお金にし、それを転がしてやっとったんだ。これは、まさしく実体マネーだよ。強盗《ごうとう》が持って逃《に》げられない重さの石をお金にしていたところから始まってるわけだ。

あとは、金とか、銀とか、実際の産物とか、あるいはダイヤモンドとか、こういう値打ちのある貴金属なんかが、お金の元になっていて、金本位制とか、銀本位制とかがあった。

次に紙幣《しへい》の時代が来て、それから小切手だとか、手形だとか、こういうものも流《は》行《や》り、最後、電子マネーになってきているわけだ。

要するに、信用経済ではあるけども、それは、バブルエコノミーっていうものを否定してるわけじゃなくて、結局、そういう幻想《げんそう》のなかに現代社会はあるわけですよ。未来は、さらなる幻想のなかにあるんです。その幻想を実体のように見せる。

要するに、3D《スリーディー》映画みたいなものですよ。

つまり、二次元で見ていたやつを、三次元で見る世界が未来なんですよ。「実体には見えないもの」があるように見える世界を構築することで、経済を大きくしていく。これには、まだまだ発展の余地があるよ。

だから、石器時代の、その石のお金の時代から進化していると考えなきゃいけないなあ。

綾織　確かに、「思いは実現する」ということを、私たちは言っていますが……。

三木谷浩史守護霊　だからねえ、はっきり言やあ、日銀なんか要《い》らないんですよ。「日銀で日銀券を刷って、発行し、〝パック〟で送ったのが銀行に届いて、金融恐慌《きんゆうきょうこう》を止めました」「ただいま、日銀から、これだけ一万円札の塊が現金輸送車で到着《とうちゃく》しました。これで取り付け騒《さわ》ぎはありませんから、大丈夫です」みたいな時代は、もう終わったんですよ。こんな時代は終わったんだ。

だから、日銀の代わりぐらい楽天ができるんです。もう、楽天が、電子マネーを発行してできるんですよ。

「情報を独占《どくせん》する野望」を持っているのか

綾織　いろいろな企業が、そういうことをやること自体はよいと思いますが、一方で、三木谷さんの考えていらっしゃることは、情報を独占《どくせん》して……。

三木谷浩史守護霊　もちろん。それは、誰《だれ》だって考えることでしょうよ。

綾織　まあ、それはそうだと思いますが、それ自体は、必ずしも健全なものではありません。

三木谷浩史守護霊　いやあ、健全ですよ。経営者としては実に健全です。「お客様を丸裸《まるはだか》にする」っていうことでしょう？　当然のことですよ。やらなきゃいけない。

あのビル・ゲイツのマイクロソフト帝国《ていこく》の怖《こわ》さだって、そうだよ。もし、「コンピュータを使わなければ、この世界が動かない」ということになって、あのソフトのなかに一般《いっぱん》の素人《しろうと》には全然分からないようなものが植え込まれていた場合、軍事産業から、世界のいろんな情報まで、全部が筒抜《つつぬ》けになって、マイクロソフトに全部支配される世界が来るかも分からんという恐怖《きょうふ》はあった。それで、独占禁止法なんかで引っ掛《か》かったのかもしれないけども、現実に、そういう野望が彼にはあったと思うよ。私はね。たぶんあったと思う。

綾織　え？　三木谷社長も、そういう野望を持っていらっしゃるのですか。

三木谷浩史守護霊　それはあるよ。当たり前じゃないか。

「総理は楽天から出す」という時代が望ましい？

宇田　お話を聴《き》いていると、「経営資源のなかで、情報を独占してしまえば勝ち」

と考えておられる気がするのですが。

三木谷浩史守護霊　今は、実体経済っていうか、「物を売り買いする」とか、「現金が行き交《か》いする」とかいう世界じゃないのよ。

あんたも、どうせ、株屋の親戚《しんせき》みたいな人なんだろう？　本当はありもしない金が上がったり下がったりして、文句《もんく》を言ったり、損をしたりしている。ありもしない幻想マネーが、損をつくったり、得をつくったりしてるんだよね。

だから、次は、それが全体的に波及《はきゅう》していくわね。

宇田　でも、昔の経営者といいますか、経団連にいる方は、人や物、お金というものを経営資源として……。

三木谷浩史守護霊　それは、〝縄文《じょうもん》時代の人〟なんだよ。

宇田　三木谷さんがつくられた新しい経団連（新経済連盟）は、情報を大事にされているのですか。

三木谷浩史守護霊　そうなのよ。「情報が、次の経営資源だ」というのは、ドラッカー先生だって言ってるでしょう？　「情報」というか、「知識」だよな？　知識時代になるわけで、これが最大の経営資源になる。つまり、「知識だけに基《もと》づいてやる」っていうことだから、次は、「インターネットで出てくる知識を、どう使うか」ということが、「農耕をして、種を蒔《ま》き、稲《いね》を刈《か》ったり、麦を刈り入れたりする」ということと同じになるのよ。

宇田　お話を聴いていると、「情報を独占して、楽天市場でないと物が買えなくなるようにしたい」と……。

三木谷浩史守護霊　でも、それがいちばん望ましいことだね。「総理は楽天から出す」っていう感じにまでしたいところですねえ。

宇田　それは、本来の自由市場の意義に反するような気がするのですが。

三木谷浩史守護霊　やっぱり、それはねえ、イスラム教みたいに、宗教で国家を独占しているようなところもあるじゃないですか。宗教が、政治も経済も全部支配しているじゃないですか。ああいうことを情報企業がすることもできる時代に入った。

宇田　宗教の場合は、「政治を通して、人を幸福にしたい」という理念というか、考えがあります。

三木谷浩史守護霊　いやあ、情報は、宗教より健全ですよ。宗教にはドグマ（教条）があるけども、情報にはドグマがないので、いろんなものが入ってこれますから、民主主義と非常に親和性が高い。だから、危険性は非常に低い。

「新経済サミット」に安倍《あべ》総理を招いた真意

三宅　先月、「新経済サミット」がありました。そこに、グーグルの副社長や、ツイッター、スカイプ、ライン、グリー、サイバーエージェントの創業者や社長など、情報を扱《あつか》う企業の方々が集まったわけですが、そのなかで安倍《あべ》総理に話をしていただいたのは、「もう一段、政治にも踏《ふ》み込んでいきたい」という思いがあるからでしょうか。

三木谷浩史守護霊　それは、そのとおりだ。インターネット投票とかもやっているでしょう？　そちらのほうに引っ張ってきたら、政治家を動かすのは訳がない。こ

好評既刊

国防アイアンマン対決

自民党幹事長 石破茂守護霊 vs. 幸福実現党出版局長 矢内筆勝

【緊急国防論争!】自民党は、日本を守ることができるのか?国防の第一人者と称される石破氏の驚くべき本心が明らかに。朝日新聞脱藩の矢内筆勝が、軍事オタク石破氏の守護霊に迫る!

【幸福実現党発刊】1,470円

HS政経塾 闘魂の挑戦

江夏死すとも自由は死せず

国師が志を託した「HS政経塾」とは何か!?政治を知らない政治家、経済の分からない日銀、真実を伝えないマスコミ……。沈みゆく「日本」を救い、この国の「自由」を守る若き政治家たちが、ここにいる。HS政経塾江夏正敏塾長との対談。

1,470円

幸福実現革命

自由の風の吹かせ方

加藤文康 幸福実現党研修局長との緊急対談。衆議院解散、そして中国・習近平体制の発足。その日、国師が語った「幸福実現革命」とは何か!?国防危機、経済不況、エネルギー問題……。すべてを解決する方法が、ここにある。【幸福実現党発刊】1,470円

「人間グーグル」との対話

日本を指南する

国民よ、これ以上ガラクタ情報に惑わされるな!正しい情報はここにある!日本を守り抜き、国家を再浮上させる指針を国師と「人間グーグル」黒川白雲政調会長が語り合った。

【幸福実現党発刊】1,470円

猛女対談

腹をくくって国を守れ

凛々しく、潔く、美しく――。この国の未来のために、いま、国師と猛女が語りあう。幸福実現党 釈量子青年局長との対談を収録。

【幸福実現党発刊】1,365円

「アエバる男」となりなさい

PRできる日本へ

いまの日本には、こんな男が必要だ!日本がもっともニガ手とする外国との交渉やPR方法について、幸福実現党広報本部長 あえば直道が国師と語り合う。【幸福実現党発刊】1,470円

世界皇帝を倒す女

ミキティが野田首相守護霊に挑む

解散の戦略、国防危機、原発問題……。いま、マスコミや国民がもっとも知りたい野田首相の本心に、幸福実現党の秘密兵器・大門未来財務局長が鋭く迫る!　【幸福実現党発刊】1,470円

法シリーズ

太陽の法
エル・カンターレへの道

創世記や愛の発展段階、悟りの構造、文明の流転、多次元宇宙の神秘を明快に、かつ体系的に説き明かした仏法真理の基本書。全世界に愛読者を持つ現代の聖典。2,100円

黄金の法
エル・カンターレの歴史観

あなたの常識を覆す、壮大なスケールで開示された過去・現在・未来の真実！ 偉人たちの転生を西洋、東洋、日本に分けて解説し、人類の未来をも予言した空前絶後の人類史。

2,100円

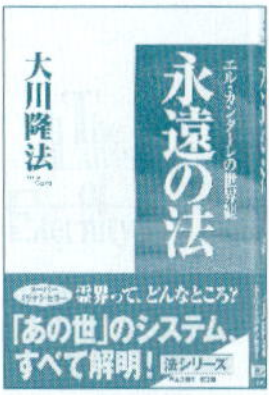

永遠の法
エル・カンターレの世界観

死後まもない人が行く世界から、神秘のベールの向こう側にある救世主の世界まで――。これまで隠されていた「霊界」の全貌を明らかにした衝撃の書。 2,100円

不滅の法　宇宙時代への目覚め

過去の「常識」を捨てなければ、未来は拓けない。変革期を迎える地球文明に、いま、新時代の到来を告げる。 2,100円

救《きゅう》世《せい》の法　信仰と未来社会

なぜ、宗教は必要なのか。どうして、信じる必要があるのか。幸福の科学は、何をめざしているのか。その答えが、この1冊に。1,890円

教育の法　信仰と実学の間で

教育再生への挑戦。学校への信頼、熱心な人格者としての教師、伸びていくことを喜びとする生徒。――そんな教育を、この日本からつくりたい。「いじめ」から子供を守る対処法&解決法も収録！

1,890円

創造の法　常識を破壊し、新時代を拓く

過去の延長上に未来は築けない。今日の成功を明日は破壊し、この世に新しい価値観を生み出せ。自ら誇り高き奇人・変人となり、創造力で新文明を拓く、常識破壊の書。 1,890円

文書　この用紙で本の注文が出来ます！

	冊
	冊
	冊
	冊

—

— —

込 引き にチェック い	郵便振込…振込手数料　窓口 120 円　ATM 80 円 コンビニ振込…振込手数料 60 円 代引き…代引手数料 260 円 送料…1,470 円以上は送料無料 1,470 円未満は送料 300 円

っちの土俵ですから。まあ、カッパが人間を池のなかに引きずり込むのと一緒ですから。水のなかへ引きずり込んだら、こっちのほうが勝ちです。政治家をネットの世界に引きずり込んだら、こちらに関しては絶対に勝つので……。

宇田　今回のネット選挙の解禁は、後ろで三木谷社長がいろいろと指南されていたのですか。

三木谷浩史守護霊　いや、私だけの力じゃないですよ。それは、安倍さんの偉大《いだい》なる守護霊のご意見も、当然あるんだろうと思います。

だけど、全部、ネットを通じてやるようになれば、次は政治、経済、軍事など、いろんなものを全部統合していけますわねえ。財務省の野望案もあるし、国税庁の野望案もあるから、このあたりも、実は、ネットサービス業のほうが逆手《ぎゃくて》に取って、逆支配することだって可能ではあるわね。

「楽天が世界帝国《ていこく》になる」という願望

綾織　それでは、楽天は国家の……。

三木谷浩史守護霊　「上」に行くわけよ。

綾織　上に行く？

三木谷浩史守護霊　うん。

綾織　おお！

三木谷浩史守護霊　いや、国家の上でやるか、逆に言えば、楽天が〝田んぼ〟であって、国家は、そのなかに生えている〝稲〟みたいなものかもしれないね。

綾織　では、「楽天帝国《ていこく》」ができてくるわけですね。

三木谷浩史守護霊　もちろん、それを目指してるんですよ。まだ、若いからねえ。四十代だから、もし、これで、八十歳《さい》までやれたら、「楽天帝国」ぐらいはできる。だから、イスラム教徒は、黒いのを着て目だけ出してるけど、もう、あれを脱《ぬ》がせて、楽天のものを売りつけ、たくさん着せまくってやろうと思ってますよ。

綾織　この「楽天帝国」は、世界帝国なわけですね？

三木谷浩史守護霊　そうね。なるよ。なりたいね。

綾織　ほおお。

三木谷浩史守護霊　日本企業の商社なんかは、もうダサいのよ。商社マンが下手な英語で売り込んで商談をまとめるなんて、もう時代遅れなのよ。「楽天を通じて、海外の人は日本のものを直接買う。バンバカバンバカ輸出もできるし、必要なものは輸入もする」と、こういう時代だよね。

だから、商社機能も全部取り込むつもりでいる。商社と、銀行の金融の機能を全部取り込むつもりだし、外交の機能から、徴税《ちょうぜい》権力まで、全部、取り込んでいきたいですねえ。

また、飲食店のところも、ファミレスとか、あんなものも、何かうまいこと取り込めないかなあと、今は、ちょっと考えてるところだけどね。

次の時代の最大権力者は「情報天皇」なのか

綾織　そうなれば、すべての情報が集まってくるわけですが、その次に来るのは、情報の操作です。これも、簡単にできますよね。

三木谷浩史守護霊　だから、次に、「情報天皇」というのが出てくるわけですよ。「情報の天皇制」というのが出てくる。そういう時代だ。情報を扱う者の頂点に立つ者が、次の時代の最大権力者ですよ。

宇田　そういう意味では、テレビや新聞といったメディアよりも、これからはネットが中心になりますか。

三木谷浩史守護霊　いや、テレビ局も欲《ほ》しかったんだけどね。今のところ力があるからね。ただ、これも、政治から攻《せ》めなきゃしかたがないので、やっぱり、総務省を落とさなければならない。まあ、別の媒体《ばいたい》でやれないことはないから、今、研究してるところですが、オールドメディアが倒産《とうさん》することも起きてくるでしょうから、そうすれば、ニューメディアに移っていく可能性は高いですね。情報の質にもよるとは思うけどね。

だから、あんな休刊日があるような新聞が、いつまでもあること自体がおかしい。販売店《はんばい》があって届けるような旧式の新聞が、「消費税を上げないでくれ」とか、「これは国民にとって必要だから」とか何とか言うてる。あんなのは、もう時代遅れですよ。

宇田　では、紙媒体の広告は、三木谷社長から見たら、時代遅れですか。

三木谷浩史守護霊　いやあ、時代遅れですよ。新聞なんか、全部、時代遅れです。

テレビにも、かなり時代遅れのところはある。テレビでコマーシャルをたくさんやってるけど、あれに効果がないのは、みんな知ってるのよね。しかも、テレビは独占というか、寡占《かせん》状態だから、広告料、コマーシャル料がすごく高い。

宇田　確かに、今は、ネットのバナー広告を見ている人のほうが多いと言われています。

三木谷浩史守護霊　そうそうそう。だから、いずれ、あれ（テレビ局）も潰《つぶ》れるね。ＮＨＫみたいに、「勝手に公共放送を名乗って、国民から金を集める」なんていうものが、いつまでも存在していいわけないんですよ。

宇田　ああ。

「楽天ポイント」が政治権力等の特典になる時代が来る？

宇田　例えば、次の参院選で投票率が上がったら、「ネット選挙解禁の仕組みを考えられた三木谷社長のおかげ」ということになるわけですか。

三木谷浩史守護霊　まあ、いろいろ考えてることはあるけどどな。あと、航空機のマイレージみたいなものがあるじゃない？　つまり、「楽天のサービスを、どのくらい使用したか」によって、その人のポイントが変わってくると、それがいろいろなところで……。

宇田　特典が付くのですか。

三木谷浩史守護霊　それが、政治権力や、いろんな特典になっていき、あらゆる業界に通用してくるというか、「楽天で一万点取ってるんだって」とか言われるようになる。そんなことが、いろんなものに通用していく時代は、いいよなあ。
だから、交通会社？　あのＪＴＢとか、あんなものも、楽天が発展すれば、全部、要らなくなる。

宇田　ただ、今でも、楽天トラベルを持っておられます。

三木谷浩史守護霊　ええ。うちで全部吸収できるので、要らないですね。最後、「飛行機の本体は、どうするか」とか、いろんなハードの部分は残りますけどね。
「ディズニーランドの疑似《ぎじ》体験カプセル」をつくりたい？

三木谷浩史守護霊　まあ、ディズニーランドみたいなところに、世界中から集まったり、日本中から集まったりして、遊んで時間を潰してるっちゅうのも、もったいない話なので、ああいうものも、そろそろやめたい。楽天のサービスで、家のなかでディズニーランドを疑似《ぎじ》体験できるようなものをつくって、行かずに遊べるようにしたいですね。

綾織　そのへんがですね……。

三木谷浩史守護霊　天才だって分かってきた?

綾織　いやいや。実は、人の気持ちをよく分かっていらっしゃらないのではないでしょうか。

三木谷浩史守護霊　あら?　そういう判断?　ふーん。

綾織　ディズニーランドには、ディズニーランドの楽しみがあります。

三木谷浩史守護霊　紙の月刊誌は、しょせん、そんなものか。

綾織　やはり、ネットのなかでのディズニーランドでは、全然、違うと思います。

三木谷浩史守護霊　そんなことないですよ。

例えば、家のなかで、楽天で買えるカプセルに入って、ディズニーランドモードにする。そこで、ディズニーの各催《もよお》し物のスイッチを入れたら、ジェットコースターに乗る体験とか、恐怖の館《やかた》に入る体験とかもできる。目隠《めかく》しとヘッドホンをして、リアルに体験できるようなものをつくったら、あんな浦安《うらやす》まで行かないで済むじゃないの？　一時間も二時間も並ぶのは、実にばからしい。体験できればいいんでしょう？　させてあげますよ。うん。できる。

6　「楽天資本主義」の正体
「重厚長大《じゅうこうちょうだい》」による成長戦略は時代遅《おく》れなのか

宇田　ところで、私たちは、幸福実現党という政党を持っているのですが。

三木谷浩史守護霊　要《い》らないよ、そんなもの。

宇田　三木谷社長も、「アベノミクスの三本の矢のなかで、成長戦略が大事だ」とおっしゃっていると思います。

三木谷浩史守護霊　ああ、それはそうだよ。

宇田　幸福実現党では、次世代のエネルギーや航空宇宙産業、農業改革など、どちらかと言えば、リアルな重厚長大《じゅうこうちょうだい》とも言える分野に力を入れて、日本を、もう一度、繁栄《はんえい》させたいと思っています。

三木谷浩史守護霊　それは遅《おく》れてるよ。それは遅れてるわ。遅れてる、遅れてる。

宇田　遅れているんですか。

三木谷浩史守護霊　そんなのは、もう、あきらめないといかん時代ですわ。それは、あきらめないといかんです。

ミサイルなんて、ああいうのは、レンタルで十分なんだから。アメリカからでも、ロシアからでも、レンタルしてやればいいわけですよ。軍隊だってレンタルすりゃいいわけですから、レンタル契約《けいやく》だけ結んでおけば終わりなのよ。だから、傭兵《ようへい》でいいのよ。そんな重厚長大なんてやってたら、もう時代遅れです。

「楽天の点数」が日銀券の代わりになる世界

三宅　そうしますと、IT産業の未来は、どのようになっていくと思いますか。

三木谷浩史守護霊　うーん……、そうだね。さっき、「ディズニーランド体験もできる」と言ったが、宇宙旅行も、ITで体験できるので、もう行かなくてもいい。ああいう、3Gだか5Gだか知らないけど、あんな重力がかかるような、しんどいことをしなくても、家にいて体験できるようになる。

まあ、ロケットは飛ばすかもしらんけども、無人で結構で、それが経験していることを全部情報として集めてきて、それを送ってくれれば、自宅にて、火星なり、金星なり、それ以外の惑星《わくせい》なりに行った体験をできるようになる。まあ、そんな時代だね。

そういう宇宙旅行体験を楽天で買うわけですよ。「コースを買えばできる」と。まあ、未来は、そういう時代になるわけですよ。

綾織　それ自体はあってもいいと思いますが、宇宙開発などは否定できないものではないでしょうか。

三木谷浩史守護霊　そういうハードのところをどうするかという問題はあるんだけど、いちおう、資金力があれば、そのハードの部分も買収は可能だとは思うがね。

綾織　先ほどのディズニーランドの話もそうですが、結局、楽天としては、最終的に、どういう価値を生み出していこうとしているのでしょうか。そういうところが少し危《あや》うい感じがするのですけれども。

三木谷浩史守護霊　さっき、「楽天の点数が一万点あれば、何々ができる」とかいう話もあったけど、例えば、「楽天の点数を五千点持っていれば、宇宙体験プログラムに参加できる」っていうシステムをつくるとするじゃない？　そうすると、ある意味で、それが日銀券の代わりになるわけよ。基本的に、こうなるわけだ。結局、楽天の点数で、いろんな便益を手に入れることができる世界になるわけだね。

楽天だけ見ていれば、大事な時間は奪《うば》われない？

宇田　しかし、これだけの知識社会になってくると、先ほど、大川総裁もおっしゃっていたと思いますが、「インターネット社会が、人間にとって大事な資産である『時間』を奪《うば》っているのではないか」という意見も多いのです。

三木谷浩史守護霊　いや、それは他社が潰《つぶ》れれば済むことであって……。

宇田　要するに、「楽天が残って、情報の中枢《ちゅうすう》にいればいい」と？

三木谷浩史守護霊　そうそうそう。他社が潰れれば済む。いろんなものを見ようとしてるからいけないんだ。

宇田　「楽天だけ見ていればいい」と？

三木谷浩史守護霊　そうそう。楽天で全部終わり。楽天で買い物もできるけど、ニュースも見れて、何でもできるようにすれば、それで終わるわけですから。

宇田　でも、人間が勉強する時間がなくなりますよね？

三木谷浩史守護霊　いや。勉強する必要はないのよ。

宇田　必要ないですか（苦笑）。

三木谷浩史守護霊　楽天で、全部、答えが出てくる。

予備校なんか、もう要らない。ああいうのは要らないのよ。あのへんのソフトは売れるから、楽天が学習ソフトを提供すれば済むことだ。予備校なんて、校舎を建てて、人を雇《やと》い、生徒を集めなくてはならないし、生徒も交通機関に乗ってきて、授業を受けている。そんなバカなことをせず、自宅で架空《かくう》のロボット講師が教えてるのを観《み》れば、それで済むのよ。試験だって、画面に出たやつを解きゃあいいわけですから、もう、そんなのは要らないの。ああいう校舎型のやつは、みんな古いのよ。

他の存在を無力化する「楽天資本主義」を目指している

綾織　このまま進んでいくと、結局は、「価値観の支配」に行ってしまうように思うのですけれども。

三木谷浩史守護霊　いや、価値観は透明《とうめい》だよ。とっても透明。だから、価値中立です。あらゆる価値に対して中立の立場で、ニーズがあるもののほうへ優先度が傾《かたむ》いていくだけのことだ。

綾織　では、人のニーズがあるものを提供していくわけですか。

三木谷浩史守護霊　もちろん、そのとおりですよ。ニーズのないものは提供できないですよねえ。

宇田　しかし、お客様は、「付加価値があって、値段が高いものについては、実際に見てみたい」という気持ちを抑《おさ》え切れないのではないでしょうか。

三木谷浩史守護霊　いや、その付加価値を選べると思っているところが、幻想《げんそう》なんだよ。

宇田　あれは幻想ですか（苦笑）。

三木谷浩史守護霊　実は、もう一段、賢《かしこ》い人に、「付加価値だ」と思わされているだけなんだ。

宇田　でも、選択《せんたく》の自由は、資本主義の基本だと思うのですが。

三木谷浩史守護霊　基本的には、提示したなかから選ばせてるだけなので、うちのほうが、選択の自由はありますよ。何万件のなかから選べるわけですから。

宇田　まあ、それはそうですけど……。

三木谷浩史守護霊　同じ業種でも、いろんなものから選んでいいわけですから、いいと思います。

だから、私が目指してるのは、「楽天資本主義」ですよ。基本的に、楽天資本主義。

宇田　では、楽天市場に載《の》せないと、物が売れないと？

三木谷浩史守護霊　「楽天を通じて、選挙から、物を買うのから、宇宙旅行から、何から何まで、全部できちゃう。海外での商談も、楽天を通じて全部やれる」と、まあ、こういう感じですかね。だから、商社や金融《きんゆう》業、政治家、宇宙飛行士など、みんな無力化していきます。

綾織　楽天は、「載せない」という判断ができるわけですよね。それは、恐《おそ》ろしいことではないですか。

三木谷浩史守護霊　うーん、「載せない」という判断をすると、ほかのものが参入してくるから、基本的に、それはないでしょう。全部、載せる。

中国十三億人を管理する「情報警察」を破りたい

綾織　グーグルには、「邪悪《じゃあく》になるな（Don't《ドント》 be《ビー》 evil《イーブル》）」という社是《しゃぜ》があります。それで、中国から撤退《てったい》したようですが、楽天には、そういう一本筋が通ったものがあるのでしょうか。

三木谷浩史守護霊　まあ、楽天的に考えてるので、よく分からないが……。

綾織　（笑）（会場笑）

三木谷浩史守護霊　グーグルだとか、ヤフーだとか、こんなものは、いずれ、全部買収するつもりでいる。

宇田　中国から撤退されたのは、単純にカントリーリスクを見て……。

三木谷浩史守護霊　よく分からないねえ。まあ、「撤退しない」という手もあったんじゃないかと思うんですけどねえ。

宇田　そうなんですか。ユニクロの柳井《やない》社長は、「撤退しない」とおっしゃっています。

三木谷浩史守護霊　ただ、「当局に電波を管理させる」っていうあたりが、私にはよく分からないんですがね。

つまり、管理できないようにしてしまわないといけないわけだ。そんなのは、もはや無理で、情報警察なんていうのが成り立つあたりが、やっぱり駄目《だめ》だね。「三十万人ぐらいの情報警察が、中国十三億人の情報を管理できる」なんていうこと自体が駄目なので、私たち業界の人間は、これを破らなきゃいけないと思う。

これを破って、情報管理不可能なところまで持っていかないといけないと思うんですよね。

「売れるものは正しい」という善悪の判断

宇田　溢《あふ》れかえっている情報の「善悪の判断」は、いったい誰《だれ》がすべきだと思いますか。

三木谷浩史守護霊　それは、商売で言えば、「売れるか売れないか」が判断する。

宇田　「売れるか売れないか」ですか（苦笑）。

三木谷浩史守護霊　うん、うん。

宇田　「神の目から見て正しいか」など、そういうことではなくて……。

三木谷浩史守護霊　売れるものは正しいんでしょう？

宇田　売れるものが正しいのですか。

三木谷浩史守護霊　アダム・スミス的にそうなんですよ。間違《まちが》いない。

7 「信仰《しんこう》の世界」を、どう捉《とら》えるか

「ニュービジネスの神」と自称《じしょう》する三木谷氏守護霊

三宅　インターネットでは、やはり、「目に見えないもの」を扱《あつか》っていると思うのですが……。

三木谷浩史守護霊　うん。そうです。

三宅　そういう、「目に見えないもの」に対して、どのようにお考えですか。やはり、インターネットというものは、突《つ》き詰《つ》めると、「光」というところに行き着くと思うのですが、例えば、「霊界《れいかい》」等について、どのようなお考えをお持ちでしょうか。

三木谷浩史守護霊　インターネットでは、「疑似《ぎじ》霊界」をつくることだって可能です。われわれが、「バーチャルリアリティー（仮想現実）班」とか、そういう部門をつくれば、幸福の科学が言う「霊界」を疑似体験できるようになりますから、うちは宗教だってつくることができるんですよ。

今、ゲームがいっぱいあるじゃないですか。「ドラゴンと戦ったり、いろんな敵と戦ったりしながら、勝ちを収める」っていうのがあるけど、あんたがたの情報をもとにすれば、「霊界体験をして、どうなるか」みたいなことを疑似体験できるようなものはつくれると思いますね。ゲームメーカーとかを買収してしまえば、つくれると思う。

三宅　「霊界そのもの」は、信じておられますか。

三木谷浩史守護霊　え？

三宅　「霊界がある」と信じておられますか。

三木谷浩史守護霊　「信じていますか」って、いや、「霊界を、どうやってインターネットの世界に取り込《こ》むか」を、今、考えてるんじゃないですか。

宇田　ただ、あなたは、生きているご本人ではなく、霊なのですが……。

三木谷浩史守護霊　そうらしいね。

宇田　ええ。あなたは、神仏《かみほとけ》の存在などを信じていますか。

三木谷浩史守護霊　いや、私が「神」だから。

宇田　あ、神なのですか。

三木谷浩史守護霊　そりゃ、そうだよ。「ニュービジネスの神」ですよ。だから、日本の未来は、私にかかっているんだ。うん！

宇田　うーん……。

三宅　過去、日本に生まれたことはありますか。
「どんな過去世《かこぜ》を言えば楽天のものが売れるか」を考えている

三木谷浩史守護霊　君らは、そんな古いことを言うから駄目《だめ》だね。私はねえ、過去を振《ふ》り向かない人間なんですよ。過去を振り向けば傷ばかり……。いやいやいや。

宇田　そうですか。

三木谷浩史守護霊　過去を振り向けば、よくないことが、いっぱい出てくるから、未来しか見ない。

綾織　これだけの事業をなさっている方ですので、おそらく、過去にも、大活躍《だいかつやく》されていると思うのですが。

三木谷浩史守護霊　「インターネットのない時代」なんか、どうでもいいんだ。そんな〝原始人の時代〟を引っ張り出してくるんじゃないよ。

「そんな時代に偉《えら》い人がいた」なんて言うところが、あんたがた、宗教の遅《おく》れているところなんだよ。そんなねえ、「クリーニング屋もないような時代に、服を着て、偉そうに歩いてた原始人みたいな人たちが偉い」と思ってるところに間違《まちが》いがある。全部、否定しなきゃ駄目よ。未来しかないんだよ、人類には。うん。そう思わなきゃいけない。それが未来型宗教だよ。な?

綾織　過去にも、天下取りを目指されたような方ですか。

三木谷浩史守護霊　だから、「インターネットのない時代には関心がない」って言ってるのに、しつこいなあ。

宇田　少しPRさせていただいてもいいのではないかと思うのですが。

三木谷浩史守護霊　おお！

宇田　はっきり、おっしゃっていただければ……。

三木谷浩史守護霊　今のはカットしないな？

宇田　（苦笑）（会場笑）

三木谷浩史守護霊　「ＰＲしたい」と？

宇田　いえ。「したい」というか、はっきりとおっしゃっていただいたほうがいいと思います。おそらく、将来的に、この収録の内容は本になる可能性があるので……。

三木谷浩史守護霊　（宇田に）あんたは副理事長か？　うーん。理事長だったら信じてもええなあ。

宇田　（苦笑）

三木谷浩史守護霊　理事長が却下《きゃっか》したら終わりやないか。なあ？

宇田　少なくとも、今回の収録を、幸福の科学の信者と一般《いっぱん》の方が、あとでご覧になりますから……。

三木谷浩史守護霊　そうなんだ。「どういうふうに言うと、楽天のものが売れるようになるか」を考えてるところだからさあ。うーん。

幸福の科学に売り込まなきゃいけないんでね。「創価学会《そうかがっかい》と縁《えん》がある」みたいなことを言われているので……。

宇田　そうですね。

三木谷浩史守護霊　そちらを消し込まないといけない。幸福の科学が逆転する可能性がないわけじゃないので、こちらのほうにも、二股《ふたまた》をかけとかないと危ない。創価学会は、そんなに先が見えないから、凋落《ちょうらく》していく可能性が高い。

今は、やっぱり、〝成長株〟のところに出さなきゃいけないと思うね。

過去世《かこぜ》は「情報調略の天才・豊臣秀吉《とよとみひでよし》」以外ありえない？

三木谷浩史守護霊　過去はと言うと、そうだねえ。エル・カンターレと共にあったような気がするな。

宇田　でも、先ほどのお話からすると、あなたは、神をあまり信じておられないような気がしますが。

三木谷浩史守護霊　ああ、そうか。そうそう。まあ、私が神だからね。

宇田　（苦笑）

三木谷浩史守護霊　たぶん、エル・カンターレが発射した光が、私なんだよ。光なんだよ。

宇田　それは、少し言いすぎだと思います。

三木谷浩史守護霊　言いすぎですか。

宇田　ええ。

三木谷浩史守護霊　まあ、いいんじゃない？　光の一部が……。

宇田　もう少し具体的な、個人名を出していただくと分かりやすいです。

三木谷浩史守護霊　そうか。うーん。どのくらいだったら納得《なっとく》する？

宇田　戦国武将で、名だたる人とか……。

三木谷浩史守護霊　武将ね。ダサいなあ。戦国武将かあ。

宇田　ええ。

三木谷浩史守護霊　ちょっとダサいなあ。

宇田　当時は、先ほどおっしゃったような、「情報戦争」が起きている状態でもありましたのでね。

三木谷浩史守護霊　うーん。

宇田　最後に、どこが勝ち残るかと……。

三木谷浩史守護霊　まあ、戦国武将で、情報戦略がいちばん上だとすれば、豊臣秀《とよとみひで》吉《よし》だろうね。

宇田　ああ。

三木谷浩史守護霊　あれは、情報調略の天才だよな？

彼は、実際には戦わないで、調略し、情報戦で勝つからね。

間者《かんじゃ》（スパイ）を放って敵の情報を取り、現状を見て、相手より圧倒《あっとう》的な勢力で取り巻き、一戦も交えずに勝ったり、相手のなかに間者を紛《まぎ》れさせ、悪い噂《うわさ》をまいて内乱を起こしたり、まあ、情報戦で勝つ人だよなあ。

だから、戦国武将だったら、秀吉以外はありえないね。

宇田　なかなか、そのまま受け入れられないのですが……。

三木谷浩史守護霊　そうか。君たちには、信仰心《しんこうしん》がないんだ。

宇田　ええ？

三木谷浩史守護霊　〝総裁の口〟から言われてることを信じられないんなら、「信仰心がない」ということだ。

宇田　（苦笑）いいえ。「総裁の口から」ではなくて、あなたの口です。

三木谷浩史守護霊　今日、「ザ・リバティWeb《ウェブ》」で、「秀吉だった」と発信しなきゃいけない。

宇田　自己申告では、なかなか信じられません。

三木谷浩史守護霊　ええ？　「あの三木谷浩史の過去世《かこぜ》は、豊臣秀吉だった」と、今晩、情報発信……。

綾織　嘘《うそ》を言うと、あとで失敗が待っていますので、正直に言われたほうがいいと思います。

三木谷浩史守護霊　うーん。

「自分より偉《えら》い人は過去にはいない」と話をはぐらかす

三木谷浩史守護霊　だったら、ほかに情報通の人を挙げてくれよ。その人が私だ。ほかにいるか？　日本には、情報通の人って、いないんじゃないか？

綾織　先ほど、「過去を振り向けば傷ばかり」とおっしゃっていましたが……。

三木谷浩史守護霊　あっ。

綾織　実は、あまり成功されていなかったのでしょうか。

三木谷浩史守護霊　え？　いや……。（綾織に）君は一橋《ひとつばし》だって？

綾織　そうですね（苦笑）。

三木谷浩史守護霊　どっちが先輩《せんぱい》なのよ。え？

綾織　まあ、それは置いておきまして……。

宇田　（笑）

三木谷浩史守護霊　え？　私が先輩で、君は後輩？　後輩の分際で、そんなことを……。

綾織　〝業界〟が違いますので（会場笑）、もう関係ありません。

三木谷浩史守護霊　そうだ。君ねえ、産経新聞みたいな〝紙の会社〟は、もうなくなるから、転職したのは、よかったよ。

綾織　産経新聞のほうも関係ありません。

三木谷浩史守護霊　ええ？　そうですか。まあ、だから、「ザ・リバティ」は、もう要《い》らないね。「ザ・リバティWeb」だけ残しておけばいいよ。

綾織　いえいえ。まあ、それは置いておきまして……。

三木谷浩史守護霊　私ぐらいの人は、過去、ほとんどいないね。過去に、偉《えら》い人はいないでしょう？　だって、人類の過去を見たら、日本史を見ても、世界史を見ても、偉い人が全然いないじゃないですか。私には、みんな原始人ばっかりに見えるな。

自分が「社長」として采配《さいはい》を振《ふ》るっているつもりの守護霊

綾織　でも、あなた自身ですよね？

三木谷浩史守護霊　え？　私自身？

綾織　はい。

三木谷浩史守護霊　あっ！　私か!?

綾織・宇田　そうです。

三木谷浩史守護霊　「私が、誰《だれ》か」？

宇田　ええ。あなたは、三木谷さんの守護霊ですから、三木谷さん本人ではありません。

三木谷浩史守護霊　私、私は……、私なんだ。

綾織　原始人ではないですよね？

宇田　「あなたが地上にいたときに、どういうことをされていたか」を訊《き》いているだけなんですけれどもね。

三木谷浩史守護霊　私は「楽天」です。私は、「楽天」ですが、え？　私は、いったい何なの？　うん？　私は三木谷なんじゃないの？　あれ？

宇田　いや、あなたは守護霊なので、違いますね。

三木谷浩史守護霊　違うの？

宇田　ええ。

三木谷浩史守護霊　あ、そう？

宇田　ご本人ではありません。

三木谷浩史守護霊　そうかね。いや、私が采配《さいはい》を振《ふ》るってるつもりでいるんだけどな。

綾織　では、「過去世がある」という認識は持たれていないのですね？　三木谷さんと、一体化しているのですか。

三木谷浩史守護霊　いやあ、そういう考えがあることは知っているよ。仏教なんかは、「転生輪廻《てんしょうりんね》」みたいなのを言ってるんじゃないの？

ただ、現代で、それを言えば、笑われるだろうからさ。教室で言っても、会社で言っても、九十九パーセント笑われるから、君ぃ、天下の楽天の社長が、そんなことを言えないでしょう？

楽天の社長は「現代のモーツァルト」？

三木谷浩史守護霊　せめて言うとしたら、誰やったらかっこええかなあ。うーん。私みたいな人はいないねえ。

あえて言えば、業種は変わるが、モーツァルトみたいな天才だったら、ちょっと感じが似てるかな。

宇田　モーツァルトは天才音楽家なので、全然、違うと思いますね。

三木谷浩史守護霊　だって、（モーツァルトは）何でもできるんでしょう？　何でも作曲できる。

宇田　いやあ、そうは言っても……。

三木谷浩史守護霊　似てるよ。似てる、似てる。モーツァルトは、天上界《てんじょうかい》から音楽が聞こえてきて、何でも弾《ひ》けるんだから、似てるなあ。作曲なんですよ、私の仕事は。

宇田　しかし、モーツァルトの名曲は、時代を超《こ》えて、人々の心を潤《うるお》していますので……。

三木谷浩史守護霊　楽天も、時代を超えて人の胃袋《いぶくろ》を……。

宇田　いやいや。情報の場合は、陳腐《ちんぷ》化されたら、なくなるではないですか。

三木谷浩史守護霊　胃袋や着る物を潤すよ。だから、私は、現代のモーツァルトなんじゃないかなあ。

駄目？　このへんでは駄目か。

宇田　ええ。個性としては違うと思います。

三木谷浩史守護霊　違うような気がする？　私は、何に執着《しゅうちゃく》してるか。それは、「何に関心があるか」によるわねえ。私は英語に執着がある。ああ、そうだ。英語だ、英語だ。英語ができるから、英語国民であればいいわけじゃないですか。これならいける。うん。これならいけるわ。だから、英語国民が、最も尊敬してやまない人を探せば、それが私です。

宇田　そんなにアバウトでは分からないですね（苦笑）。

三木谷浩史守護霊　うーん。

信長《のぶなが》より先に「楽市《らくいち》」をつくった戦国大名が過去世《かこぜ》か

宇田　「生きておられたときに、どんなお仕事をされていたか」ということだけでも教えていただければと思うのですが。

三木谷浩史守護霊　考えたことないな。私は、過去を振り返らない人間なんで、よく分からないんだけど……。

宇田　「楽天」という名前は、やはり、「楽市楽座《らくいちらくざ》」から来ているのですか。

三木谷浩史守護霊　あっ！　そうですよ。織田信長《おだのぶなが》の、あの発想はいいねえ。

宇田　ただ、私も、少し日本史を勉強したのですが、信長より早く「楽市」をつくったのは、六角《ろっかく》という大名だったような気がするのですが……。

三木谷浩史守護霊　あんた、〝クビになったフィナンシャルプランナー〟にしては、歴史を知ってるのか。

宇田　少しだけですが、日本史は勉強しました。

三木谷浩史守護霊　そうか。ええところで拾ってもらったなあ。

宇田　確か、近江《おうみ》の戦国大名で、最後に、織田信長にやられたような気がしますが。

三木谷浩史守護霊　うーん。まあ、何でもいいわけよ。

宇田　（笑）

三木谷浩史守護霊　あんたは、商売人のほうに持っていきたいのね？　だけど、私みたいな天才的な商売人がいたかなあ？　過去にはいないかもしれない。まあ、外国との貿易なんかをやっていたかもしれないねえ。

宇田　貿易ですか。

三木谷浩史守護霊　そんな気も、ちょっとするなあ。

宇田　ああ、なるほど。長崎《ながさき》あたりで？

三木谷浩史守護霊　うーん。長崎なあ。まあ、ちょっと古いような気もするがなあ。

「過去」が見えないらしい三木谷氏守護霊

三木谷浩史守護霊　なんだかね、私には「過去」が見えないんですよ。

宇田　見えないのですか。

三木谷浩史守護霊　前しか見えないんです。後ろが見えないんです。

宇田　そうですか。

三木谷浩史守護霊　これは、どうしてなんでしょうかねえ。後ろが見えないんですよ。

宇田　「見えない」というか、実際に生きておられたときの話なんですけれどもね。

三木谷浩史守護霊　もしかしたら、今世《こんぜ》初めて、神より送り込まれた魂《たましい》なのかもしれない。

宇田　今世初めて人間に宿ったかもしれない？

三木谷浩史守護霊　今世初めて、魂として送り込まれた、有史以後、存在しないようなタイプの人間かもしれない。

綾織　（苦笑）まあ、だいたい分かりました。

三木谷浩史守護霊　今の情報で、分かるはずがないよ。

綾織　今世の三木谷さんと一体化していて、霊界や過去世の認識は、ほとんどないわけですね？

三木谷浩史守護霊　仕事から見て、それは関係ないじゃない？

綾織　もう、だいたい分かりました。

三木谷浩史守護霊　仕事から見て、そんなものは関係ないでしょう？

綾織　関係ないかもしれませんが、「どういう霊的な認識を持たれているか」ということは分かりました。

8 唯物《ゆいぶつ》的な未来社会を語る

三木谷社長が考える「楽天的な未来の世界」とは

三木谷浩史守護霊　いやあ、君たちの希望する未来は必ず拓《ひら》くからね。先ほど、「宇宙旅行だって体験できる」と言ったけども、そうなんだよ。もう、女性なんか、結婚《けっこん》しなくてもいい。男性も、結婚しなくてもいい。「楽天の結婚ボタン」を押せば、「疑似妻《ぎじづま》」とか、「疑似夫」とかが出てきて、ちゃんと愛し合えるような世界をつくりますから、私は。

綾織　「どういう未来を考えていらっしゃるか」ということも、よく分かりました。今日は、本当に貴重なお話を頂きまして……。

三木谷浩史守護霊　うーん。じゃあ、私は、「宇宙の先進国」から来たんだよ。

綾織　はい？

三木谷浩史守護霊　千年先から来たんだ。たぶん。

綾織　なるほど。「楽天の未来」も、少し分かってきました。ありがとうございます。

三木谷浩史守護霊　「楽天的な未来」が見えた？

宇田　この霊言《れいげん》で、「三木谷社長が、どういうお考えを持っているか」が分かりました。

幸福の科学を世界に広げる〝お手伝い〟は必ずできる？

三木谷浩史守護霊　なんだか、ちょっと心もとないなあ。ほんとに応援《おうえん》してくれるのかなあ。

綾織　それは、読者の方が判断します。それぞれの判断ですので、ここでは、特に判断はしません。

三木谷浩史守護霊　いやあ、幸福の科学のことは尊敬してるんだよ。だから、「もっと大きくなってもらいたいなあ。世界に信者を広げていただきたいなあ」と思ってるのよ。

宇田　幸福の科学の教義を見れば、必ず世界中に広がることが分かります。

三木谷浩史守護霊　そのお手伝いは、必ずできるので……。

宇田　それは、私たちの独力で大丈夫《だいじょうぶ》です。

三木谷浩史守護霊　外国の信者のところに、ちゃんと品物を届けるからさ。

宇田　私たちは、「人と会って、教義を伝えていく」という地道なことをやります。

三木谷浩史守護霊　うーん。

「信仰心《しんこうしん》が篤《あつ》い」とアピールする三木谷氏守護霊

綾織　本日は、本当にありがとうございました。お忙《いそが》しいと思いますので、もう結構です。時間は資源ですからね。

三木谷浩史守護霊　次号の「ザ・リバティ」は、「楽天シリーズ」で、全部、埋《う》めるんでしょう？　もっと頑張《がんば》らないと……。

綾織　少しは紹介《しょうかい》させていただきます。

三木谷浩史守護霊　なんだか、さみしいなあ。君たちは、何を言えば気に入るのかなあ。

綾織　企業家《きぎょうか》として非常に優秀《ゆうしゅう》であることは、よく分かりました。

三木谷浩史守護霊　そうだ。未来ばっかり語ったでしょう？

宇田　ええ。

三木谷浩史守護霊　だから、本当だったら、これは、エジソンみたいな人かな。

綾織　そうかもしれません（苦笑）。

三木谷浩史守護霊　うーん、エジソンだ。あ、エジソンが、生まれてくるとか、こないとか言ってるそうじゃないの（注。二〇一三年三月七日に収録した「未来科学リーディング」のなかで、エジソンの霊がそのように述べていた）。

ああっ、もしかしたら、私だったかな？

宇田　いや。それはありえないと思います。

三木谷浩史守護霊　え？　ない？

宇田　はい。エジソンさんは信仰心《しんこうしん》のある方なので。

三木谷浩史守護霊　いやあ、私は、ほんとに信仰心が深いですよ。

宇田　「自分が神だ」とおっしゃっているでしょう？（苦笑）

三木谷浩史守護霊　葬儀《そうぎ》に行ったら、ちゃんと、合掌《がっしょう》して、焼香《しょうこう》してますよ。

　もう、「創価学会《そうかがっかい》よりも幸福の科学が伸《の》びる」と見ているぐらいですから、信仰心は篤《あつ》いですよ。もっと……。

綾織　はい。そういうアピールも、よく分かりました。

守護霊インタビューは「信者への売り込《こ》み」が目的なのか

三木谷浩史守護霊　それで、信者は何人いるの？　え？　何人いるの？　それが問題なんだ。

宇田　「信者に何か物を売りたい」ということですか。

三木谷浩史守護霊　いや、その規模によって、取引の濃淡《のうたん》が決まるからさあ。

宇田　シンパの方も数多くいますので……。

三木谷浩史守護霊　うーん。でも、楽天の会員数は多いからねえ。

宇田　私たちのところには、やはり、神仏《かみほとけ》を信じる方でないと、なかなか入ってこれないのですよ。

三木谷浩史守護霊　幸福の科学だって、（楽天で）買っているのは、キャッチしてるからねえ。

宇田　それは、もちろん、信者の方で買っている方もいらっしゃると思いますよ。

三木谷浩史守護霊　いやあ、君らは本を売っているけど、本の時代はもう終わったよ。次は、電子書籍《しょせき》の時代になるし、さらに、電子書籍も危ない時代に、きっと入ると思うね。

だから、君らの業態を変えないと、そろそろ危ない時代になる。阪大《はんだい》の数学科を出ているような人を教祖にしなきゃ駄目《だめ》だね。

宇田　いえいえ。

三木谷浩史守護霊　そうじゃないと、もう、生き残れないかもしれない。

宇田　やはり、「神の言葉を文字にして広げていく」ということは基本です。

三木谷浩史守護霊　そうですかねえ。

宇田　バーチャルな世界では無理です。

安倍《あべ》首相は何でも売り込《こ》める「楽天市場《いちば》みたいな人」？

三木谷浩史守護霊　それから、あの政党（幸福実現党）はダサいから、もう、やめたほうがいいんじゃない？

宇田　いえ、日本の未来は、幸福実現党にかかっています。

三木谷浩史守護霊　あのねえ、「投票」もダサいけど、「街宣」なんていうのも、ダサくて、時代遅《おく》れだ。駅前に集まってる人だけを相手に言うデモンストレーションだろうけども……。

宇田　三木谷社長はご存じないかもしれませんが、「アベノミクス」は、基本的に、幸福実現党の政策を、そのままやっているだけですからね。

三木谷浩史守護霊　安倍《あべ》さん自体が「楽天市場《いちば》」みたいな人だからね。何でも入ってくる人だから。

宇田　ああ、そうなんですか。

三木谷浩史守護霊　ええ。何でも売り込《こ》める人だから。

宇田　なるほど。

三木谷浩史守護霊　「自分に好意を持ってくれてるものは、全部、取ってもいい」と思ってる人だから、そういう意味では、非常に脇《わき》が甘《あま》くていいんじゃない？

宇田　脇が甘いのですね。

三木谷浩史守護霊　うーん。

綾織　はい。ありがとうございました。

楽天の社員に向けた「メッセージ」

三木谷浩史守護霊　なんだか、宣伝にならないような……。

綾織　もう十分、宣伝になると思います。

三木谷浩史守護霊　いや、最後に何か一つ決めなきゃ駄目なんだ。

宇田　三木谷社長のことはよく分かりましたので、もう、大丈夫です。

三木谷浩史守護霊　（三宅に）あなた、せっかく存在しているんだから、何か、触《しょく》媒《ばい》にならなければいけないよ。楽天と幸福の科学をつないで、発展的な未来が築けるような懸《か》け橋にならないと、何で座《すわ》ってるか分からないじゃない？

三宅　（笑）では、楽天の社員のみなさんに、何か一言、メッセージをお願いします。

三木谷浩史守護霊　楽天の社員のみなさまは、できるだけ多くの宗教に入り込んで、信者の心をつかむように頑張ってください。それが大事です。なかで〝出世〟してください。そして、「新しいニーズ」を掘《ほ》り起こすことが大事です。

宗教は、「究極のソフト」とも言われていて、物もないのに金を集めているので、信じられない。ある意味では、私たちより進化しているところもある。物がないのに、「植福《しょくふく》」とか言って、金を集めているんでしょう? これは、すごい。確かに、すごい。これは、すごいです。

綾織　いいえ。信仰心の下《もと》に、集まっているわけです。

三木谷浩史守護霊　ええ、そうです。だから、これは、「究極」ですわ。確かに、うちには、まだ商品が要《い》る。「信仰心」を、うちの店のなかに出して、それで金を振《ふ》り込んでくれるといいなあ。やっぱり、宗教は、一つの目指すべき形態ですね。

綾織　なるほど。

三木谷浩史守護霊　うーん。情報形態だ。

宇田　はい。分かりました。

綾織　社員のみなさまにも、十分に伝わると思います。

楽天を通してソフトを売れば、幸福の科学に組織は要《い》らない？

三木谷浩史守護霊　幸福の科学に、組織は要《い》らないんじゃないかね。楽天を通して、総裁のメッセージを、情報として売ったらいいんじゃないかなあ。

宇田　いや。私たちは、きちっとした組織をつくり、王道の伝道をしてまいりますので、結構です。

三木谷浩史守護霊　そうですか。なんだか、要らないような気がする。こんな職員、要らない……。

宇田　いえいえ。

三木谷浩史守護霊　私にソフトを売ってくれれば、もう、それでやれますから。ニーズがある人は、それを買えばいいんです。

宇田　いいえ。ソフトは、そういう軽々しいものではありません。商品ではないのです。

三木谷浩史守護霊　そうかねえ。

宇田　ええ。人の生きる糧《かて》ですから。

三木谷浩史守護霊　少なくとも、ハーバードでMBAを取った私は、日本の未来の経済人の中心であることは間違《まちが》いないのだから、私と仲良くしていくことが、あなたがたの発展にも、必ず、つながる。

宇田　信仰を持っていただければ、いつでも、お話を聞きますよ。

三木谷浩史守護霊　だから、「信仰はある」って言ったじゃない！「私が神だ」って言ってるじゃないの。何を言ってるの？

宇田　はい（苦笑）。分かりました。

綾織　ありがとうございます。

三木谷浩史守護霊　あ、そう。

綾織　十分に伝わったと思います。

三木谷浩史守護霊　うん。

綾織・宇田　ありがとうございました。

9　三木谷氏が、もう一段、成長する可能性

「数字が残ればいい」という方向を向いているユニクロや楽天

大川隆法　なんだか、よく分かりませんでしたね。

彼の関心は、ほとんど、「今の仕事」と「未来の仕事」に向いているのだと思います。確かに、そうなのでしょう。

あのような仕事を毎日やっていたら、頭のなかは、「電脳組織」のような感じになっていると思います。考えているのは、そんな未来ばかりでしょうね。

ただ、この人は、「エンターテインメントとしての科学の未来のようなものや、『SF（サイエンスフィクション）』などを読める」という程度の知性にも見えます。

ですから、歴史などを話題に出したら、急に遠い感じがしましたし、もっとハー

ドな学問も、やはり、少し遠そうな感じはしましたね。

宇田　はい。

大川隆法　この人には、基本的に、「愛」や「信仰《しんこう》」など、人間の持っている深いものについての理解が足りないところがあります。

今、ユニクロ（ファーストリテイリング）は、「愛がない」と言って批判されていますが、「職場で共に働いている仲間との人間関係を維持《いじ》したかったのだ」という元社員の声に対して、ユニクロの柳井《やない》社長は、「いくら辞《や》めても結構」という感じであり、十分に答えられないでいます。要するに、ユニクロには、「数字が残ればいい」というところがあるわけですが、楽天も、やはり、そういう方向に向いてはいますね。

私たちから見れば、こういうインターネット上にある「仮想現実の商店街」など、別に、なくても構わないものではあります。

家にいて物が買えるほうが便利に見えるかもしれませんが、やはり、服を買うにしても、「実際に、きちんとした専門店へ行き、デザイナーがつくった衣服を選んで、試着し、似合うかどうかを見て、『これはいい』と思って決める」という価値には、「写真と値段だけを見て決める」というやり方は敵《かな》いません。また、宝飾品《ほうしょく》なども、実物を見ないで買えるとは思えません。

旅行の案内や宗教の案内など、いろいろな案内は出せるでしょうが、実際には、経験しなければ分からないものはあると思いますね。

「この世的な価値観」でコーティングされている三木谷氏

大川隆法　彼は、「霊界《れいかい》インターネット」が「この世のインターネット」を超《こ》えていることを、まだご存じないようです。「機械なくして接続し、侵入《しんにゅう》できる」という能力には、そうとう高いものがあるのです。

もちろん、宗教としては、ハイテクも要《い》ることは要るのですが、やはり、「ハイタッチの部分」、すなわち、「人と人との心の触《ふ》れ合いの部分」を手放したら、おそらく終わりになると私は思っています。

宗教は、「コンピュータで相談したら、答えが返ってくる」というようなことだけで済むものではありません。宗教には、「ドロドロした情念」のようなもので苦しんでいる人の心を解きほぐしていく仕事があるのです。

それは、もっと人間的なものであり、「それに価値がない」と思うならば、やはり、浅く、「ただの物売り」のレベルではないでしょうか。

三木谷氏の場合、思想的には、まだ少し軽いものがあり、当会についても、「本の宣伝や、その売り上げなどを中心に見ているのかな」という感じは、しないでもありません。

どこかで、もう一回ぐらい、「経営の苦しみを通して、信仰に目覚める」というようなことがあったほうがいいのかもしれませんね。彼の場合、経営の失敗や病気、その他、何か苦労をして、信仰というものに出会ったならば、もう一段、大きくなると思われます。

「もう一段、大きなもの」が、まだ見えていない感じはするので、少し「天狗《てんぐ》」の気《け》が出てきているのでしょう。この傾向《けいこう》から見て、過去世《かこぜ》に天狗系が出てくるのは、ほぼ確実です。もうすでに、そういう顔にだいぶ変わってきつつありますね。

おそらく、私たちが言っていることは、なかなかまで割って入らないでしょう。この世的な価値観で外側がコーティングされていると思われますから、どこかで、それが割れるとよろしいですね。

彼には、この世的な、誰《だれ》もが評価するようなところだけをスキップして、上澄《うわず》みを取っていくようなところがあるようです。

「通信販売《はんばい》」でできることには限度がある

大川隆法　楽天を開《ひら》くのにも汗《あせ》を流したのでしょうが、幸之助《こうのすけ》さんのような感じで苦労したわけではないと思います。「急成長して、一万人からの社員を養う」というのは、そうとう重い責任ですよ。

実際に自分たちは物をつくっていないのに、それを仲介《ちゅうかい》するだけで、一万人以上の人が食べていけているのは、今、非常に運がいい状況《じょうきょう》にあるわけです。仲介するだけでしたら、生んでいる付加価値は、実際、非常に少ないですよね。

例えば、商社でも、「口銭《こうせん》」と言って、取り次ぐだけで利益を上げていましたが、口銭率は低いもので、三パーセントぐらいでした。結局、中継《なかつ》ぎで食べていけるものは、そんなに儲《もう》かりません。

そのため、できるだけ量を大きくし、バルキー（bulky／かさばった）にして、総額を上げていく以外に方法がないため、「できるだけ多く人をつかまえたい」という感じになるのでしょうが、「つかまえている」と思っていても、実は、つかまえられていない可能性があるのです。

いずれ、もっと便利なものや有利なものが出てきたときには、乗り換《か》えられる可能性がありますし、やはり、「信頼《しんらい》できるお店で買うほうがいい」という判断もありえるのです。

家で安く買える分にはいいかもしれませんけれども、本当によいものを買いたかったら、伊勢丹《いせたん》なり、高島屋《たかしまや》なり、三越《みつこし》なりへ行ったほうが、きちんとしたものが買えますし、女性にとっては、「ストレス発散の場」ですからね。「実際に物を見て買う楽しみ」が理解できていないのならば、そのへんから飽《あ》きられる可能性があるような気がしてなりません。

通信販売《はんばい》でできることには、やはり、限度があるのではないでしょうか。要するに、信用の問題でしょう。「通信販売で買っても構わない」というか、期待はずれでも、ある程度、許容される範囲《はんい》のものは売れると思いますが、期待はずれだと困るようなものは、やはり、売れないですね。

また、彼には、実体産業についての関心も、若干《じゃっかん》、足りないのではないかという気はしました。

先行きは非常に不安定で、見通しは不透明《ふとうめい》な「楽天」

大川隆法　先行きは、非常に不安定で、見通しは不透明《ふとうめい》な気がします。

いずれ、「天狗パターン」が敗れるときが来る可能性は高いと思われます。「義経《よしつね》の"鵯越《ひよどりごえ》"のような作戦で、数十人ぐらいに背後から攻《せ》められ、あっという間に、"火だるま"になる」というようなことも、この業界では、いつ起きるか分からないですからね。まったく新しい攻め方をされたら、敗れることはあるかもしれません。

実際に、物をつくるというか、例えば、コンピュータの技術開発ができたり、ソフトをつくれたりする人には、まだ進化の可能性がありますが、それを利用して、ユーザーをつかまえるだけのものは、残念ながら、「シェアを取って押《お》さえ込《こ》む」という作戦一本だと思います。その部分が、宗教と同じに見えているのかもしれないけれども、「実は、少し違《ちが》うところがありますよ」ということですね。

当会は、愛とか、反省とか、発展とか、信仰とか、そういうものを「商品」として売っているわけではないのです。ここに、もう一段、違うものがあるように思います。

まあ、頑張《がんば》ってはおられるので、今後のご発展を期待したいと思いますが、〝楽天〟の逆も言っておかなければなりません。

「楽天の社員が、どんどん幸福の科学の信者になってくるようだったら、多少は応援《おうえん》してもいいという気持ちがないわけでもありません」と（笑）、こちらも〝お返し〟をして、終わりにしましょう。

あとがき

「楽天」という会社は、気がつけば出来ていた。気がつけば、大きくなっていた。気がつけば球団を持ち、野球放送がなされていたというような、急成長してエスタブリッシュメント（のよう）になった会社である。その意味では三木谷氏は優れた経営者なのだろう。ソフト開発力では、ライブドアのホリエモン氏のほうが上だったように思うのに、いつのまにかライブドアは消え、楽天は政府にも食い込もうとしている。背広を脱いで、これからが本物のエスタブリッシュメント企業経営者たちとの戦いになるのだろう。しかし遠巻きには目に見えぬ敵たちに囲まれている。先発企業、同業者、そしてマスコミである。新しいものばかりに目が行く経営論は浅い。

私としては三木谷氏に、企業防衛のためにも、人生論、哲学、宗教、古典をしっかりお読みになることを勧《すす》めたい。それは電子書籍ではなかなか手に入らない文化だ。また大手新聞や大手テレビの「情報選択能力」の高さも勉強しておいてほしい。ついでながら、心に響かない「実用英語の限界」も知っておいてほしい。縄文式時代人に偉い人が多い宗教家からのメッセージだ。

二〇一三年　五月二十九日

幸福《こうふく》の科学《かがく》グループ創始者兼総裁《そうししゃけんそうさい》　大川隆法《おおかわりゅうほう》

『三木谷浩史社長の守護霊インタビュー 「楽天」とIT産業の未来』

大川隆法著作関連書籍

『柳井正社長の守護霊インタビュー ユニクロ成功の霊的秘密と世界戦略』

（幸福の科学出版刊）

『徹底霊査 橋下徹は宰相の器か』（幸福実現党刊）

三木《みき》谷浩史《たにひろし》社長《しゃちょう》の守護霊《しゅごれい》インタビュー
「楽天《らくてん》」とIT産業《さんぎょう》の未来《みらい》

2013年6月6日　初版第1刷

著　者　　大川《おおかわ》隆法《りゅうほう》

発行所　　幸福の科学出版株式会社
〒107-0052 東京都港区赤坂2丁目10番14号
TEL(03)5573-7700
http://www.irhpress.co.jp/
印刷・製本　株式会社 サンニチ印刷

落丁・乱丁本はおとりかえいたします

ISBN978-4-86395-341-3 C0030
写真: ロイター / アフロ

大川隆法 霊言シリーズ・ビジネスパーソンに贈る

柳井正社長の守護霊インタビュー
ユニクロ成功の霊的秘密と世界戦略

反日暴動でもユニクロが中国から撤退しない理由とは――。「逆張り」の異端児・柳井社長守護霊が語った、ユニクロ戦略の核心と、その本音に迫る!

1,500円

稲盛和夫守護霊が語る
仏法と経営の厳しさについて

実戦で鍛えられた経営哲学と、信仰で培われた仏教精神。日本再建のカギとは何か――。いま、大物実業家が、日本企業の未来にアドバイス!

1,400円

井深大「ソニーの心」
日本復活の条件

「日本のものづくり」を、このままでは終わらせはしない! ソニー神話を打ち立てた創業者・井深大が、日本産業界に起死回生のアドバイス。

1,400円

幸福の科学出版

大川隆法 霊言シリーズ・日本の自虐史観を正す

神に誓って「従軍慰安婦」は実在したか

いまこそ、「歴史認識」というウソの連鎖を断つ! 元従軍慰安婦を名乗る2人の守護霊インタビューを刊行! 慰安婦問題に隠された驚くべき陰謀とは!?
【幸福実現党刊】

1,400円

本多勝一の守護霊インタビュー

朝日の「良心」か、それとも「独善」か

「南京事件」は創作! 「従軍慰安婦」は演出! 歪められた歴史認識の問題の真相に迫る。自虐史観の発端をつくった本人(守護霊)が赤裸々に告白!
【幸福実現党刊】

1,400円

従軍慰安婦問題と南京大虐殺は本当か?

左翼の源流 vs. E.ケイシー・リーディング

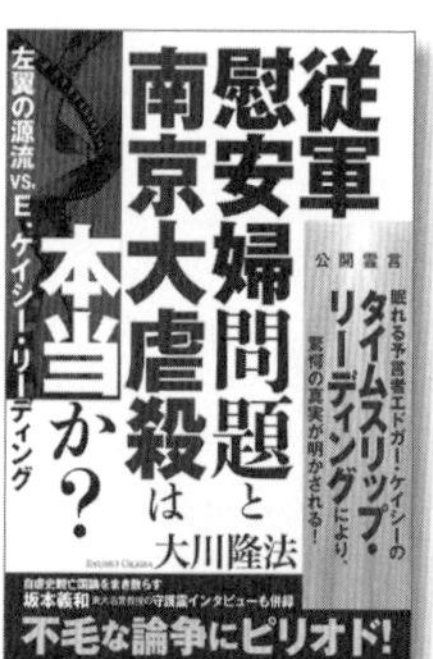

「従軍慰安婦問題」も「南京事件」も中国や韓国の捏造だった! 日本の自虐史観や反日主義の論拠が崩れる、驚愕の史実が明かされる。

1,400円

※表示価格は本体価格(税別)です。

大川隆法 霊言シリーズ・中国・北朝鮮情勢を読む

守護霊インタビュー 金正恩の本心直撃!

ミサイルの発射の時期から、日米中韓への軍事戦略、中国人民解放軍との関係——。北朝鮮指導者の狙いがついに明らかになる。 【幸福実現党刊】

1,400円

長谷川慶太郎の守護霊メッセージ

緊迫する北朝鮮情勢を読む

軍事評論家・長谷川氏の守護霊が、無謀な挑発を繰り返す金正恩の胸の内を探ると同時に、アメリカ・中国・韓国・日本の動きを予測する。

1,300円

中国と習近平に未来はあるか

反日デモの謎を解く

「反日デモ」も、「反原発・沖縄基地問題」も中国が仕組んだ日本占領への布石だった。緊迫する日中関係の未来を習近平氏守護霊に問う。 【幸福実現党刊】

1,400円

小室直樹の大予言

2015年 中華帝国の崩壊

世界征服か? 内部崩壊か? 孤高の国際政治学者・小室直樹が、習近平氏の国家戦略と中国の矛盾を分析。日本に国防の秘策を授ける。

1,400円

※表示価格は本体価格(税別)です。

大川隆法ベストセラーズ・希望の未来を切り拓く

未来の法

新たなる地球世紀へ

暗い世相に負けるな! 悲観的な自己像に縛られるな! 心に眠る無限のパワーに目覚めよ! 人類の未来を拓く鍵は、一人ひとりの心のなかにある。

2,000円

Power to the Future

未来に力を

英語説法集
日本語訳付き

予断を許さない日本の国防危機。混迷を極める世界情勢の行方——。ワールド・ティーチャーが英語で語った、この国と世界の進むべき道とは。

1,400円

されど光はここにある

天災と人災を超えて

被災地・東北で説かれた説法を収録。東日本大震災が日本に遺した教訓とは。悲劇を乗り越え、希望の未来を創りだす方法が綴られる。

1,600円

幸福の科学出版

幸福の科学グループのご案内

宗教、教育、政治、出版などの活動を通じて、地球的ユートピアの実現を目指しています。

宗教法人　幸福の科学

一九八六年に立宗。一九九一年に宗教法人格を取得。信仰の対象は、地球系霊団の最高大霊、主エル・カンターレ。世界百カ国以上の国々に信者を持ち、全人類救済という尊い使命のもと、信者は、「愛」と「悟り」と「ユートピア建設」の教えの実践、伝道に励んでいます。

（二〇一三年五月現在）

愛

幸福の科学の「愛」とは、与える愛です。これは、仏教の慈悲《じひ》や布施《ふせ》の精神と同じことです。信者は、仏法真理をお伝えすることを通して、多くの方に幸福な人生を送っていただくための活動に励んでいます。

悟り

「悟り」とは、自らが仏の子であることを知るということです。教学《きょうがく》や精神統一によって心を磨き、智慧《ちえ》を得て悩みを解決すると共に、天使・菩薩《ぼさつ》の境地を目指し、より多くの人を救える力を身につけていきます。

ユートピア建設

私たち人間は、地上に理想世界を建設するという尊い使命を持って生まれてきています。社会の悪を押しとどめ、善を推し進めるために、信者はさまざまな活動に積極的に参加しています。

国内外の世界で貧困や災害、心の病で苦しんでいる人々に対しては、現地メンバーや支援団体と連携して、物心両面にわたり、あらゆる手段で手を差し伸べています。

年間約３万人の自殺者を減らすため、全国各地で街頭キャンペーンを展開しています。

公式サイト **www.withyou-hs.net**

ヘレン・ケラーを理想として活動する、ハンディキャップを持つ方とボランティアの会です。視聴覚障害者、肢体不自由な方々に仏法真理を学んでいただくための、さまざまなサポートをしています。

公式サイト **www.helen-hs.net**

INFORMATION

お近くの精舎・支部・拠点など、お問い合わせは、こちらまで！

幸福の科学サービスセンター

TEL. 03-5793-1727 (受付時間 火～金:10～20時／土・日:10～18時)

宗教法人 幸福の科学 公式サイト happy-science.jp

教育

学校法人 幸福の科学学園

学校法人 幸福の科学学園は、幸福の科学の教育理念のもとにつくられた教育機関です。人間にとって最も大切な宗教教育の導入を通じて精神性を高めながら、ユートピア建設に貢献する人材輩出を目指しています。

幸福の科学学園

中学校・高等学校（那須本校）

2010年4月開校・栃木県那須郡（男女共学・全寮制）

TEL **0287-75-7777**

公式サイト **happy-science.ac.jp**

関西中学校・高等学校（関西校）

2013年4月開校・滋賀県大津市（男女共学・寮及び通学）

TEL **077-573-7774**

公式サイト **kansai.happy-science.ac.jp**

幸福の科学大学（仮称・設置認可申請予定）

2015年開学予定

TEL **03-6277-7248**（幸福の科学 大学準備室）

公式サイト **university.happy-science.jp**

仏法真理塾「サクセスNo.1」

小・中・高校生が、信仰教育を基礎にしながら、「勉強も『心の修行』」と考えて学んでいます。

TEL **03-5750-0747**（東京本校）

不登校児支援スクール「ネバー・マインド」

心の面からのアプローチを重視して、不登校の子供たちを支援しています。
また、障害児支援の「**ユー・アー・エンゼル！**」運動も行っています。

TEL **03-5750-1741**

エンゼルプランV

幼少時からの心の教育を大切にして、信仰をベースにした幼児教育を行っています。

TEL **03-5750-0757**

学校からのいじめ追放を目指し、さまざまな社会提言をしています。また、各地でのシンポジウムや学校への啓発ポスター掲示等に取り組むNPO「いじめから子供を守ろう！ネットワーク」を支援しています。

公式サイト **mamoro.org**

相談窓口 **TEL.03-5719-2170**

ブログ **mamoro.blog86.fc2.com**

政治

幸福実現党

内《ない》憂《ゆう》外《がい》患《かん》の国難に立ち向かうべく、二〇〇九年五月に幸福実現党を立党しました。創立者である大川隆法党総裁の精神的指導のもと、宗教だけでは解決できない問題に取り組み、幸福を具体化するための力になっています。

党員の機関紙
「幸福実現NEWS」

TEL 03-6441-0754
公式サイト hr-party.jp

出版 メディア 事業

幸福の科学出版

大川隆法総裁の仏法真理の書を中心に、ビジネス、自己啓発、小説など、さまざまなジャンルの書籍・雑誌を出版しています。他にも、映画事業、文学・学術発展のための振興事業、テレビ・ラジオ番組の提供など、幸福の科学文化を広げる事業を行っています。

TEL 03-5573-7700
公式サイト irhpress.co.jp